이공계 학생을 위한 커뮤니케이션 이해

미디어와 홍보

Media Publicity
For Cosmetic Science

이공계 학생을 위한 커뮤니케이션 이해

미디어와 홍보

송의호 지음

서문

2020년 3월부터 '미디어 마케팅'이란 과목을 개설했다. 코로나 대유행이 시작되었을 때다. 이 과목은 필자가 소속된 화장품공학부의 3학년 전공선택이다. 화공 학도들에게 인문·사회 분야인 미디어를 접목한 것이다. 화장품을 연구개발하고 품질 관리 등을 주로 공부하는 학생들에게 마케팅이나 디자인은 그동안 이종교배인 융합과목으로 어느 정도 자리 잡았다. 거기에 다시 신문방송학과 또는 언론정보학과 등의 미디어와 커뮤니케이션을 연결한 것이다.

아무리 좋은 화장품을 연구하고 개발한들 그러한 성과를 미디어를 통해 효과적으로 알리지 못한다면 결과는 기대에 미치지 못할 것이다. 반대로 빼어나지 못한 성과라도 일반인의 감정을 붙드는 홍보를 할 수 있다면 결과는 뜻밖에 성공으로 이어질 수도 있다.

미디어 마케팅은 미디어를 활용하는 마케팅 또는 마케팅에서 미디어 활용하기 등으로 볼 수 있다. 마케팅은 많은 주제를 아우르지만 여기서는 홍보를 중심으로 이해하면 될 듯하다. 미디어나 홍보는 이론보다는 우리 주변에서 늘 접하는 실용적이고 창조적인 활용을 중시하는 분야이다.

지난 3년 동안 학생들은 이 수업에 열정적으로 참여했다. 그만큼 공부할 필요가 있는 분야라는데 공감한 듯하다. 필자는 대학을 마치고 시작한 첫 번째 일이 신문사(중앙일보) 기자였다. 기자 생활을 한 기간만 32년이다. 청춘을 넘어 장년까지 오롯이 함께한 직업이다. 20여 년은 취재기자로 〈중앙일보〉를 만들었고 〈월간중앙〉 등 시사잡지 기자로도 활동했으며, 종편채널 JTBC가 등장하면서는 방송 기자들과 머리를 맞대기도 했다.

1985년 신문사에 처음 들어갔을 때만 해도 당시는 납 활자를 뽑아 신문을 만들었고 기사는 원고지에 썼다. 이후 인터넷이 등장하고 기자들은 노트북 컴퓨터로 기사를 작성하고 송고했다. 통신 수단은 한동안 '삐삐'로 불린 무선호출기를 사용했으며 이후 등장한 핸드폰은 처음에는 덩치가 컸다. 핸드폰은 이후 크기도 줄고 인터넷이 탑재된 스마트폰으로 바뀌었으며, 페이스북 등 SNS가 등장하면서 2017년 필자의 기자 생활은 끝이 났다.

신문기자로 취재하고 기사를 쓰면서 마감시간을 앞두고 분·초를 다투는 고통을 겪었고 대형 사건·사고가 터졌을 때는 타사와 치열하게 경쟁해야 했다.

또 출입처와 여러 유형의 홍보 담당자들을 만나며 때로는 새로운 정보를 접하고 때로는 이면을 들여다보려는 머리싸움을 벌이며 그들과 미운 정 고운 정이 들기도 했다.

돌아보니 기자 생활은 스마트폰 등 취재 수단이며 신문·방송이 뉴스를 담아내는 양식 등이 그 속도를 따라잡기가 만만찮을 정도로 변화를 거듭했다. 정보 과학기술이 몰고 온 발전이다. 그러나 그것이 우리 사회에 긍정적으로 작용했는지는 판단이 쉽지 않다. 이러한 변화는 앞으로도 계속될 것이다. 그때는 또 다른 미디어 환경이 펼쳐질 것이다.

그런 중에도 변하지 않는 것은 여전히 새로운 뉴스를 발굴하고 이면을 캐내는 기자의 본령이다. 이른바 사회적 의미를 던지는 기사 즉 콘텐츠의 채굴과 가공은 기자의 사명으로 그대로 남아 있다.

이러한 체험을 화장품 공학도들이 사회에 나가 조직의 성과를 홍보하는 방법 등을 이해시키는데 접목하고 있다. 미디어와 기자의 생리를 이해하고 구체적으로는 보도자료를 만들고 자신이 몸담은 조직이 언론보도의 위기에 직면했을 때는 어떻게 돌파구를 찾아야 할지 등을 함께 생각하고 대안을 찾고 있다.

그동안은 체험과 관련 내용을 담은 자료를 모아 강의했으나 그걸 간략하지만 한 권으로 묶은 것이 이 책이다. 출간된 여러 책을 참고했다. 역시 이 분야는 변화의 속도가 너무 빨라 책을 내면 구문(舊聞)이 되는 한계가 있다. 그래도 구문 속에서 흘러가는 방향은 눈 밝은 독자들이 읽어낼 수 있을 것이다.

끝으로 책 출간 제안을 받아 제작의 수고를 아끼지 않은 한국학술정보 관계자들에게 깊이 고마움을 전한다. 코로나가 종식되고 학생과 교수가 서로 얼굴 맞대고 자유로이 토론하는 캠퍼스의 진정한 봄을 기다리며.

2023년 2월

송의호

목차

1장

마케팅과 미디어

1. 마케팅의 정의

마케팅은 실행 주체에 따라 영리조직의 마케팅과 비영리조직 마케팅이 있다. 영리조직이란 이윤 추구를 목표로 하고 이를 추구하는 일반 영리법인인 기업체를 말한다. 비영리조직이란 영리 추구를 목적으로 하지 않고 이와는 다른 자체 조직의 목표를 추구하는 정부, 공공단체, 종교단체 및 각종 지역사회단체 등을 포함한다. 그러나 영리조직이든 비영리조직이든 마케팅에 있어서 근본적인 의미의 차이는 거의 없다.

마케팅의 정의는 마케팅 환경의 변화에 따라 다르게 정의되고 있다. 1985년 미국마케팅학회(AMA)는 "마케팅이란 개인이나 조직의 목적을 만족시키기 위해 아이디어, 상품 그리고 서비스의 개념과 가격, 판촉 및 유통을 계획하고 수행하는 프로세스"라고 정의했다. 그러나 2004년에는 "마케팅이란 조직과 그 이해관계자들을 위해 고객에게 가치 있는 것을 창조하여 이를 알리고 전달하며 또한 고객과의 관계를 관리하기 위한 조직의 기능 및 일련의 프로세스"라고 다시 정의했다. 2004년의 정의는 1985년의 정의에 비해 고객과의 관계가 한층 강조되었다.

그리고 2007년에는 "마케팅이란 고객과 파트너 그리고 포괄적으로는 전체 사회에 유용한 가치를 제공하는 상품들을 창조하여 이를 알리고 전달하며 교환하는 활동과 일련의 제도 및 프로세스"라고 새롭게 정의하고 있다. 2004년의 정의에서는 가치를 제공받는 대상만을 고객으로 한정하고 있으나, 2007년의 정의는 가치의 범위를 확장해 파트너와 전체 사회까지도 포함하고 있다. 즉 조직과 관련된 모든 것이 마케팅의 대상이 되도록 그 범위가 점차 확대되고 있다.[1]

이와 함께 '마케팅은 고객이 상품을 얻기 위해 지불하게 되는 비용보다 상품으로부터 얻는 가치가 월등히 커서 상품을 더욱 매력 있게 만드는 모든 활동'으로 정의할 수도 있다. 즉 마케팅은 아래 관계의 부등호를 확대하는 모든 활동이 된다.

고객이 얻는 가치		고객이 지불하는 대가(代價)
Benefits(혜택)	>	돈 · 시간 · 수고 등
		Cost(대가)

그림 1. 마케팅의 현장. 대구 수성구 범물동 도시철도 3호선 범물역 주변 상가

2. 마케팅 전략의 수립

마케팅은 일종의 싸움이고 전쟁이다. 좋은 의미로 선의의 싸움인 경쟁이라 할 수 있다. 경쟁할 때는 어떻게 경쟁할 것인가? 무엇을 경쟁할 것인가? 누구와 경쟁할 것인가? 를 명확히 해야 한다. 이와 같은 내용을 과학적으로 분석하고 파악해서, 주어진 환경에서 가장 효과적으로 경쟁할 수 있는 방법을 찾아 수행하는 것이 바로 마케팅 전략이다.

대표적인 도구로 미국의 경영 컨설턴트 험프리(Albert Humphrey)가 고안한 SWOT 분석이 있다. 이는 기업의 내·외부 환경을 분석한 뒤 상대방의 강점과 약점에 대한 우리의 강점과 약점이 무엇인지 찾아내고, 그에 따른 경쟁 기회와 위협 요인을 파악하는 것이다. 이러한 분석을 통해 기업은 가능하면 자신의 강점이 상대의 약점이 되는 분야를 파악해 경쟁할 수 있도록 해야 한다. 적과 대결할 때는 칼을 잘 쓰면 칼싸움으로, 총을 잘 쏘면 총싸움으로 겨루기를 원하는 것과 같은 이치다. 따라서 기업은 자신과 상대방의 강점과 약점을 과학적으로 분석함으로써 보다 효과적인 경쟁을 할 수 있다.

	강점(Strength)	약점(Weakness)
위협(Threats)	강점을 활용한 위협의 대처전략	약점과 위협의 대응전략
기회(Opportunities)	강점을 활용한 기회 포착전략	기회와 약점의 대응전략

3. Needs와 Wants, Demand

고객의 니즈(needs, 본원적 욕구)는 마케팅의 중요한 개념이다. needs와 관련된 것으로 needs, 원츠(wants, 구체적 욕구) 그리고 디맨드(demand, 구매 능력이 뒷받침된 욕구)가 있다. 이들은 어떻게 다른가?

needs란 기본적인 만족이 결핍된 것을 느끼는 상태다. 다시 말하면 인간의 근본적인 욕구에 해당하는 것이다. 예를 들면 겨울철에는 보온을 위해 옷을 입으려는 needs가 있고, 배가 고플 때는 무엇인가 먹어야겠다는 음식에 대한 needs가 있다. 또 안전하게 보호를 받아야겠다, 아픈 곳을 치료받아야겠다 등이 있다.

wants는 근본적인 욕구인 needs가 구체적인 상표로 표출된 것을 말한다. 예를 들면 배가 고파 점심을 먹으려고 한다. 무엇을 먹을까. 옆집에 가서 진국 설렁탕을 먹어야겠다. 맥도널드에 가서 햄버거를 먹어야겠다 등으로 needs가 구체적인 상품으로 표출된 것이 wants다.

그러면 demand는 무엇인가? 특정한 브랜드로 표출된 wants가 모두 그냥 이루어질 수 있는 것은 아니다. 만약 저녁에 일류 음식점에서 바닷가재 요리를 먹고 싶을 때 최소 15만 원 정도의 돈이 필요하다. 그러나 모든 사람이 이 정도의 돈을 한 끼의 저녁 식사 비용으로 쓸 수 있는 것은 아니다. 즉 wants에 구매력이 보장될 때 바로 이 wants는 demand가 된다. 결국 바닷가재 요리를 먹고 싶을 때, 바닷가재 요리를 먹을 수 있는 돈이 있어야 한다는 것이다.

마케팅 담당자가 가장 신경 써야 하는 부분은 needs가 아니라 demand다.

그다음이 wants고 마지막이 needs다. 마케팅 담당자는 우선 자사 상품에 대한 demand를 가장 집중해서 관리하고, 타사 상품에 대한 wants와 demand를 자사 상품으로 전환할 수 있어야 한다. 또 소비자 needs를 자사 상품에 대한 wants로 유도해야 한다. 나아가 마케팅 담당자는 소비자의 마음속에 존재하지만 소비자 자신도 인식하지 못하는 잠재적 needs를 발굴해 이를 상품화하는 역할도 병행해야 한다.

예를 들면 핸드폰이 개발되기 전까지만 해도 언제 어디에 있더라도 서로 대화할 수 있다는 데 대한 needs가 없었다. 없었다기보다는 소비자의 마음속에는 있었으나 외부로 표출되지 않고 있었다. 마케팅 담당자가 무선통신 기술을 이용해 핸드폰을 상용화하면서 이런 잠재 needs를 자극함으로써 소비자는 무선통신에 대한 자신의 needs를 인식하게 되었다.

이러한 소비자의 강한 needs를 파악한 여러 기업이 무선통신 사업에 참여해 소비자의 needs를 자신의 상표에 대한 wants로 바꾸려는 치열한 마케팅 전쟁의 형태로 나타나고 있다. 처음에는 고가로 인해 그에 대한 충분한 구매력을 지닌 영업사원이나 극히 제한된 소비자를 대상으로 마케팅을 했다. 그러다가 기술의 발달과 경쟁으로 가격이 인하되면서 구매력을 지닌 소비자층인 demand 층이 확대되었다. 새로운 기술의 발달과 이를 이용해 상품화하고자 하는 마케팅 담당자의 적극적인 노력으로 인해 사람들의 잠재된 욕구 중 하나인 자유로운 통신에 대한 needs가 점차 보편적인 서비스로 충족돼 가고 있다. 이처럼 마케팅 담당자는 기업의 성장과 발전뿐만 아니라 소비자의 생활 향상에 매우 중요한 역할을 하고 있고, 앞으로도 그 중요성은 점차 높아질 것이다.[2]

4. 커뮤니케이션 미디어

커뮤니케이션(communication)이란 사람 간에 서로 소통하는 행위를 가리키며, 소통하는 수단을 매체 즉 미디어(media)라 부른다. 커뮤니케이션은 언어, 필사, 인쇄, 전화, 사진과 동영상, 라디오와 TV, 인터넷, SNS 등을 통해 이루어진다. 소통은 그 대상이 1인이냐 소수냐 다수냐 또는 다중이냐에 따라서도 구분된다. 신문이나 방송 등 다중을 상대하는 커뮤니케이션을 매스 커뮤니케이션(mass communication)으로 부르며, 줄여서 매스컴(masscom)이라 한다.

4.1. 신문

고대 중국은 글자를 목판에 새겨 돌출 부분에 먹을 칠하고 종이를 돌출부에 얹은 뒤 눌러 찍었다. 한국은 704~751년에 세계 최초로 추정되는 목판 '무구정광다라니경'을 인쇄했다. 특히 《직지심체요절》(줄여서 '직지')은 1377년 간행된 금속활자 인쇄본으로 현재까지 세계 최초로 받아들여진다. 그러나 우리나라의 금속활자 발명은 《직지》보다 훨씬 앞서서 기록으로만 그 존재가 알려진 《고금상정예문》이라는 책은 이보다 130여 년을 앞선다. 한국이 만든 금속활자는 15세기 후반에 널리 사용되었다.

서양에서는 1436년과 1460년 사이 마인츠에서 활동한 독일인 구텐베르크(Johannes Gutenberg)가 이동식 금속활자를 고안해 《42행 성서》를 간행

(1452~1456)했다.《직지》에 비하면 시기적으로 70여 년이 뒤진다. Gutenberg 성경이 나온 이후 불과 30년 만에 서유럽에서만 110곳 이상에서 인쇄 출판을 시작했다.

인쇄 출판은 지식을 획기적으로 성장시켰다. 중세 필사본 시절에는 책 한 권을 여러 명이 공유해야 했다. 책이 증가하면서 대학에서 공부하는 숫자가 늘어났다. 글자를 아는 문해력(文解力)도 증가했다. 그리스와 로마 시대 고전을 향한 관심은 인쇄 서적이 출현하면서 되살아났다. 인도와 무슬림, 아랍인이 이룩한 수학은 널리 확산되었다. 인쇄 출판이 없었다면 16세기 르네상스는 일어나지 못했을 것이다.

마지막으로 인쇄 출판은 오늘날 '뉴스'라고 부르는 매스 미디어를 발전시켰다. 초기 신문은 17세기 초 유럽에 확산되었다. 절대 군주 정권은 뉴스 내용에 압제 또는 검열을 가했다. 인쇄술의 향상은 대중신문(mass paper)의 등장에 힘을 보탰다.

4.2. 사진

뉴스 사진이 처음 등장한 것은 1842년 독일 함부르크 파괴와 화재 사건이다. 이 사건은 〈Illustrated London News〉에 사진으로 실렸다. 20세기 들어 미국에서는 사진을 실은 신문과 주간지가 등장한다. 〈Life〉라는 사진 잡지는 큰 인기를 얻었다. 〈Life〉지는 제2차 세계대전 동안 전 세계 360곳에 사무실을 두고 6700명의 사진기자를 발탁했으며, 미국 내에서 잡지 광고를 지배했다.

4.3. 라디오

제1차 세계대전은 라디오를 발전시키는 역할을 한다. 당시 많은 병사가 뉴미디어를 학습하는 통신부대에 배속됐기 때문이다. 전쟁 뒤 제대한 병사들은 아마추어 라디오 클럽을 만들어 라디오를 살리는 데 참여했다.

1920년대 라디오는 스포츠 · 음악 · 토크 · 뉴스를 거실로 끌어들이는 첫 번째 매스 미디어가 됐다. 라디오 뉴스는 1930년대 청취자들에게 간디 · 무솔리니 · 히틀러 · 루스벨트 등 많은 세계 정치 지도자의 목소리를 생생하게 전달했다. 라디오 청취자는 계속 증가해 1930년 미국 가정의 3분의 1이 라디오를 곁에 두었다. 1935년에는 3분의 2로 증가했다. 라디오는 사회적 영향력이 큰 미디어가 됐다. 1938년 라디오에서 〈세계 전쟁〉이라는 드라마가 방송됐는데 청취자 수천 명이 라디오를 듣고 화성인이 실제 지구를 습격한 줄 알고 혼비백산해 거리로 쏟아져 나오는 심리적 공황을 경험하기도 했다.

4.4. TV

TV가 실용화된 것은 1938년이다. TV 수상기는 전기 신호를 빛으로 바꾸고 전자총으로 전자 빔을 발사하면 브라운관에 부닥쳐 영상으로 나타나는 원리다. TV는 1950년대 미국 전역으로 확산했다. 가정마다 거실에 TV 수상기를 중심으로 가구를 재배치하기에 이르렀다.

TV 뉴스는 1950년대 말부터 어마어마한 영향력을 행사한다. 미국 〈CBS Evening News〉의 앵커 크롱카이트(Walter Cronkite)는 1968년 한 프로그램에서 월남전 종식을 요청했다. 결과적으로 대통령 린든 존슨은 재선되지 못했다. 1970년대 들어 TV는 위성 · 비디오 · 컴퓨터 등과 연결돼 지구촌으로 확산한다.

정치 집회는 TV를 위해 무대화되었다. 후보는 TV 자문역을 고용하고 수백만 달러를 TV 광고료로 지불한다. TV는 옷맵시, 머리 모양, 언어, 태도에까지 영향을 미쳤으며, TV 뉴스는 가장 중요한 정보의 원천이 됐다. TV는 스타와 유명인의 모습을 새로 창조했고, 어린이는 TV를 보고 사회를 터득했다.

TV는 케네디 대통령의 장례식과 달에 착륙한 아폴로 11호, 베를린 장벽 철거, 챌린저호 폭발, 영국 황태자비 다이애나의 죽음 등을 세계인에게 이미지로 깊이 각인시켰다.

4.5. 인터넷

인터넷은 모든 사람이 이용 가능한 정보의 바다다. 스마트폰의 등장은 전통 미디어와 인터넷을 손안으로 끌어들여 세상의 정보를 수시로 편리하게 접하도록 만들었다. 월드와이드웹(www)은 누구나 메시지를 생산해 대량으로 전달하는 매스 커뮤니케이터가 되게 만들었다.

5. 매스 미디어 vs 1인 미디어

매스 미디어는 한꺼번에 다수 대중을 향해 메시지를 전달하는 매체를 가리킨다. 즉 메시지 수용자가 다수라는 뜻이다. 신문이나 잡지 · TV · 라디오 등 전통적인 미디어가 여기에 들어간다. 이 경우 메시지를 만드는 커뮤니케이터의 조직도 흔히 다수로 이루어진다.

이에 비해 1인 미디어는 비교적 최근에 등장한 용어다. 여기서 1인은 메시지 수용자가 아닌 통상 메시지 제작자를 가리킨다. 전통적인 미디어가 많은 사람의 협업을 통해 메시지를 생산하는 데 비해 유튜브 · 페이스북 등 SNS는 1인 또는 소수가 메시지를 만들어 다수를 향해 전달하는 새로운 미디어 도구로 자리 잡았다. 미디어와 메시지 생산 체계의 새로운 패러다임이라 할 수 있다.

6. 성공한 사람은 홍보를 안다

손흥민 선수가 영국 프리미어 리그에서 골을 잇따라 성공시키면 그가 한국을 "홍보한다"라고 기뻐한다. 올림픽이나 월드컵, APEC은 한국을 "홍보한" 좋은 기회였다고 말한다. 그런가 하면 동네 통장은 반상회 참석률이 저조하면 '홍보 실패'라고 생각한다.

마이크로 소프트는 오른손에는 훌륭한 OS 시스템이 있었고, 왼손에는 그 시스템을 세상 모든 사람이 믿고 쓰도록 만드는 비밀 병기가 있었다. 스티븐 스필버그 역시 오른손에는 멋진 영화를 만드는 재주를 지니고 있었고, 왼손에는 그 영화를 전 세계 영화 팬이 보지 않고는 못 견디게 하는 비밀 병기를 지니고 있었다. 성공한 모든 사람이, 제품이, 기업이, 국가가 왼손에 쥐고 있는 그 비밀 병기를 흔히 홍보라고 부른다. 세상은 어쩌면 '존재'와 그 존재를 알리는 '홍보'로 이루어져 있다고도 할 수 있다.

7. 홍보 vs 광고

홍보와 광고는 간혹 같은 의미로 사용되거나 혼용되기도 하는데 이는 잘못이다. 이 둘은 의미가 서로 다르다. 홍보(弘報, Public Relations: PR)는 개인·사회·조직체가 다른 사람, 특수한 공중이나 지역사회를 상대로 해설자료 배포, 상호 교류 등을 통해 의견을 일치시키거나 이해와 호의의 정도를 높이고 친선을 도모하는 것으로 정의할 수 있다. 1998년 한국홍보학회는 홍보와 PR을 동일한 뜻으로 규정했다.

홍보를 주도하는 전략은 대중매체를 통해 공중에 상품, 서비스, 기업에 대한 정보를 전달하는 것을 의미하는 Publicity(보도자료)로 기업의 인지도 상승, 구매 상승, 커뮤니케이션 촉진, 소비자, 기업, 상표 간 관계를 만들어가는 역할을 한다. 여기서 보도자료는 기사 형식으로 매체에 실린다.

공중은 광고나 선전을 기업체가 보내는 일방적인 메시지라고 생각하지만 기사는 공신력 있는 정보로 받아들인다. 보도자료는 공식화된 비용이 없으며, 광고나 선전은 매체에 따라 비용이 천차만별이다. 영향력이 큰 매체는 적은 비용으로 광고를 진행하기 힘들다.

한편 광고(廣告, Advertising)는 미국마케팅협회(AMA)의 경우 "명시된 광고주에 의해 아이디어, 상품 또는 서비스가 비대인적으로 제시되는 유료 메시지"로 정의한다. 광고는 유료라는 점에서 홍보와 다르다. 한국광고학회는 "광고주가 청중을 설득하거나 영향력을 미치기 위해 대중매체를 이용하는 유료의 비대인 의사전달 형태"로 광고를 규정한다.

선전(宣傳, Propaganda)이란 것도 있다. 선전은 "어떤 사물의 존재나 효능 또는 주장 등을 남에게 설명하고 동의를 구하는 일 또는 그 활동"이다. 정보 전달이 주로 위에서 아래로 일방적이기 때문에 과장 또는 왜곡되는 경우가 흔히 있다.[3]

2장

미디어와 친해지기

신문이나 방송 뉴스를 만드는 사람은 기자다. 신문은 매일 아침 백지 상태에서 출발해 다음 날 아침 24면, 36면, 48면 등의 지면을 뉴스로 채운다. 기자들은 백지의 신문을 메우기 위해 정해진 출입처에 나가 뉴스 소재를 찾아내고 취재를 거쳐 기사를 작성하고 편집을 통해 지면을 만들게 된다. 여기서 출입처는 늘 취재원과 취재기자들이 만나는 뉴스 탐색의 터미널이 된다. 출입처는 때로 좋은 정책을 홍보하고 출입기자는 때로 그 조직의 잘못을 찾아내 취재원과 취재기자는 협력하면서도 긴장이 팽팽한 관계가 만들어진다. 그래서 출입기자를 상시로 대하는 공보실이나 홍보실은 기자와의 관계 설정이 쉽지 않다. 몇 가지 팁을 통해 기본적인 관계를 정리한다.

1. 미디어 노동자…기자

기자는 미디어 메시지 즉 뉴스의 생산자다. 기자의 역할은 그 속성으로 표현하면 먼저 작가다. 그러나 기자는 일반적인 작가는 아니다. 기자는 상상력이 아닌 구체적인 사실(fact)을 바탕으로 사회적인 글을 쓰는 작가다.

또 기자는 법관이다. 그러나 사법부의 법관과는 판단 기준이 다르다. 법관이 양심으로 법률을 적용한다면 기자는 상식으로 따지면서 최종 판단은 여론과 독자에게 맡기는 법관이다.

기자는 전사(戰士)이기도 하다. 그러나 그냥 전사가 아니다. 전사의 힘은 근육에서 나오며 힘과 함께 기술이 싸움을 좌우하지만 기자는 독자와 여론을 바탕으로 싸운다. 기자가 바른 소리로 싸움에서 승리하면 이익은 그 사회 구성원 전체에 돌아간다.

韓國記者協會 倫理綱領

기자는 국민의 알 권리를 충족시키고, 진실을 알릴 의무를 가진 언론의 최일선 핵심존재로서 공정보도를 실천할 사명을 띠고 있으며, 이를 위해 국민으로부터 언론이 위임받은 편집·편성권을 공유할 권리를 갖는다. 기자는 자유로운 언론활동을 통해 나라의 민주화에 기여하고 국가발전을 위해 국민들을 올바르게 계도할 책임과 함께, 평화통일·민족화합 민족의 동질성 회복에 기여해야 할 시대적 소명을 안고 있다. 이와같이 막중한 책임과 사명을 갖고 있는 기자에게는 다른 어떤 직종의 종사자들보다도 투철한 직업윤리가 요구된다. 이에 한국기자협회는 회원들이 지켜야 할 행동기준으로서 윤리강령과 그 실천요강을 제정하여 이의 준수와 실천을 선언한다.

1. 언론자유 수호
우리는 권력과 금력 등 언론의 자유를 위협하는 내·외부의 개인 또는 집단의 어떤 부당한 간섭이나 압력도 단호히 배격한다.

2. 공정보도
우리는 뉴스를 보도함에 있어서 신실을 존중하며 정확한 정보만을 취사선택하여, 엄정한 객관성을 유지한다.

3. 품위유지
우리는 취재 보도의 과정에서 기자의 신분을 이용해 부당이득을 취하지 않으며, 취재원으로부터 제공되는 사직인 특혜나 편의를 거절한다.

4. 정당한 정보수집
우리는 취재과정에서 항상 정당한 방법으로 정보를 취득하며, 기록과 자료를 조작하지 않는다.

5. 올바른 정보사용
우리는 취재활동 중에 취득한 정보를 보도의 목적에만 사용한다.

6. 사생활 보호
우리는 개인의 명예를 해치는 사실무근한 정보를 보도하지 않으며, 보도대상의 사생활을 보호한다.

7. 취재원 보호
우리는 어떠한 경우에도 취재원을 보호한다.

8. 오보의 정정
우리는 잘못된 보도에 대해서는 솔직하게 시인하고, 신속하게 바로 잡는다.

9. 갈등 차별 조장 금지
우리는 취재의 과정및 보도의 내용에서 지역·계층·종교·성·집단간의 갈등을 유발하거나, 차별을 조장하지 않는다.

10. 광고 판매활동의 제한
우리는 소속회사의 판매 및 광고문제와 관련, 기자로서의 품위를 손상하는 일체의 행동을 하지 않는다.

그림 2. 기자협회 윤리강령

1.1. 취재기자 업무의 두 기둥

기자는 크게 취재기자와 편집기자로 구분할 수 있다. 취재기자는 뉴스를 찾아내고 기사를 만드는 역할을 한다. 이에 비해 편집기자는 기사의 제목을 뽑아내고 지면의 효과적인 배치와 레이아웃 등으로 기사의 가독성을 높여 준다.

취재기자가 하는 첫 번째 일은 독자들이 궁금해하는 뉴스를 찾아내는 것이다. 뉴스를 포착하면 다음 일은 그 기사를 조리 있고 이해하기 쉽게 기사를 작성하는 일이다.

1.2. 기자들의 속성

기자들은 독특한 조직문화 속에 살고 있다. 우선 기자들은 국내 유수의 언론사일 경우 대규모 공채 시험을 통과하는 이른바 '언론고시'를 거친다. 그래서 공채를 거친 기자들은 기수별 위계질서와 서열이 뚜렷하다. 기자는 대체로 선배와 상사를 예우하고 후배를 챙기며, 동료애가 끈끈한 상명하복(上命下服) 문화가 있다.

기자는 입사한 뒤 수습 기간 사회부 경찰기자 등을 거치며 혹독한 취재 훈련을 받는다. 새벽에 경찰서에 나가 밤사이 일어난 사건·사고를 확인한 뒤 선배 기자에게 보고하고, 대형 병원 영안실을 돌며 주목할 만한 사망자가 있는지도 파악하는 등의 일이다.

기자는 출입처에서는 나이의 많고 적음에 관계없이 한 언론사를 대표한다. 또 선배 기자들은 언론사에 처음 발을 들여놓는 후배 수습기자를 향해 흔히 "선배님이 아니다. 선배다"라며 자신들을 부르는 호칭에 '-님' 자를 붙이지 말라고 주문한다. 선후배 간 원활한 소통을 위해서일 것이다. 기자들은 당당한 취재를 하는 직업의 특성상 때로 '건방지다' '거만하다' '잘난 체한다'는 말을 듣기도 한다. 그렇지만 기자들은 대체로 기자직에 대한 자부심이 대단하다.

기자들은 취재원을 대할 때 그들을 너무 가까이하지도 말고 또 너무 멀리하지도 말라는 불가근불가원(不可近不可遠)이란 원칙을 배운다. 기자들은 경쟁하는 언론사가 있어 취재는 늘 치열하게 이루어진다.

깨어 있는 기자는 상시적으로 정보 수집 안테나를 켜고 취재 소재를 탐색한다. 이와 함께 기자는 권력을 감시하고 부정부패를 색출한다는 사명감으로 살아 간다.

1.3. 출입처의 언론 담당 직원이 기자를 상대하는 방법

관공서든 기업 홍보실이든 출입처의 언론 담당 직원은 출입기자를 대할 때 이른바 메이저·마이너 등 언론사 간 차이를 두는 것은 피해야 한다. 그러면서도 메이저 언론사의 자존심과 마이너의 콤플렉스를 이해할 수 있어야 한다.

언론 담당 직원은 특정 언론사와 편중된 친분은 금물이다. 기자들은 기자실에서 서로 소통하기 때문에 개별 기자의 일은 언론사 전체로 공유되는 구조다. 그래서 출입처에서 해당 기자가 없어도 언론 담당 직원이 특정 언론사를 비방하거나 험담하는 것은 금해야 한다. 그러면서도 평상시 기자와의 친분이나 신뢰 관계는 중요하다. 기자는 남 잘되게는 못해도 못되게는 잘한다는 말이 있을 정도로 비판을 먼저 생각한다.

1.4. 기자 개인에 대한 정보 파악

출입처의 언론 담당은 출입기자의 출신이나 나이, 생년월일, 학력, 경력, 이전 출입처, 이전 기사, 가족관계(결혼 여부와 자녀) 등 시시콜콜한 내용을 파악하고 있을 필요가 있다. 개별 기자의 동료 선후배나 개인적 관심사도 알게 되면 유익할 것이다. 이런 정보는 여러 용도로 활용할 수 있게 된다. 이러한 정보 확보는 기본적으로는 인터넷 인물정보 등을 활용할 수 있고 직접 확인하는 것도 방법이다. 나아가 출입기자의 인적 정보뿐만 아니라 창사 기념일 등 소속 언론사와 관련된 정보도 파악할 필요가 있다.

2. 무엇이 뉴스가 되나

2.1. 기사란 무엇인가

뉴스(News)는 진실(true)인가? 사실(fact)인가? 이 주제는 언론학의 오랜 관심거리이기도 하다. 기자가 취재하는 사안이 사실이어도 그 사실이 진실이 아닌 경우가 있고 또 사실이면서 동시에 진실인 경우도 있다. 즉 기자가 취재해 보도하는 사실이 늘 진실을 담보하는 것은 아니라는 점을 유의할 필요가 있다. 그래도 기자는 먼저 사실을 추적한다.

2.2. 뉴스의 속성

베넷(Lance. W. Bennet)은 《News, Illusion of Politics》라는 책을 썼다. 제목에서 짐작할 수 있듯 뉴스는 환상을 만들어내는 정치학일 뿐이라는 비판적 시각이다. 뉴스의 속성을 이해하는 하나의 관점이다.

그는 먼저 뉴스는 개인화된 인간적 흥미 거리(personalized human interest stories)라고 규정한다. 정책을 면밀히 따지는 분석이 일반 대중으로부터 관심을 끌지 못할 게 뻔하기 때문에 정책 대신 사람에 관심을 기울인다는 것이다. 정책의 입안과 관련 문제점 등 깊이 있는 분석을 내놓기보다는 관련 인물의 동정을 전하는 것이 편하기 때문이다. 일반 대중은 깊은 의미가 담긴 정책에 대해 찬반 의견을 내놓기보다는 정치인 개인 이야기 속에서 사적이고 감정적인 의미

들을 찾을 수 있다는 것이다.

그는 또 뉴스를 극화된 뉴스(dramatised news)로 정리한다. 미디어는 그들의 중심 무대에 적절한 배우를 출연시켜 드라마로 뉴스를 제작한다는 것이다. 지속적인 것보다 위기 상황을, 과거나 미래보다는 현재를, 사건이 발생한 정부 기관보다는 개인적인 정치 경력에 연관된 인물에 집중한다.

우리 시대가 지속적으로 고민해야 할 사회적인 문제, 예를 들면 빈부 격차에 따른 양극화 현상이라든지 출산율 저하에 따른 인구 감소 문제, 부동산가 폭등에 따른 주택 문제, 사교육비 급등에 따른 교육 문제와 공해에 따른 환경 문제를 깊이 있게 성찰하기보다 일회성 드라마로 만들어 버린다는 것이다.

또 파편화된 뉴스(fragmented news)의 속성을 지적한다. 즉 미디어는 사건의 본질을 전하기보다는 단편적인 사실만을 나열한다는 것이다. 누구나 짐작할 수 있듯이 조각조각 난 사실은 서로 연결되지 않는다. 그래서 전체를 파악하지 못하고 지엽적인 사실만 맴돌게 된다는 것이다.

그는 마지막으로 뉴스는 정상화된 해석(normalized interpretation)으로 매듭을 짓는다고 꼬집는다. 미디어는 특정 뉴스의 마지막에 "전문가의 한결같은 지적…" 등을 들먹이며 늘 정상화를 위한 제언을 그럴듯하게 내놓는다. 정부 관계자의 뻔한 인터뷰도 곁들인다. 또 "근본적인 대책이 시급하다는 지적…" 등 하나 마나 한 결론으로 미봉한다.

2.3. 기사의 착안

기자는 새로운 기사 소재를 어떻게 찾아낼까. 미디어에 실리는 기사는 창작인 문학과 달리 일반 대중의 관심을 이끌어낼 사회적인 글이라고 할 수 있다.

그래서 일차적인 기사의 소재는 사회적인 관심사일 수밖에 없다. 많은 사람이 관심을 두는 주제이다.

대표적인 사회적 관심사는 실시간으로 새로 일어나는 사건·사고이다. 그와 함께 새로 일어나지 않더라도 현재 많은 이의 관심을 끌어낼 시사 이슈들이다.

개별 기자가 지속적으로 관심을 두는 주제도 좋은 기사의 소재가 될 수 있다. 특정 주제에 관심이 있으면 나름의 눈이 만들어지며 나름의 새로운 정보를 축적하기 때문이다.

의제 설정(agenda setting)도 새로운 기사의 훌륭한 주제가 될 수 있다. 그 시대가 필요로 하는 주제를 던지고 사회의 관심을 이끌어내는 방식이다.

3장

—

홍보

1. 홍보란 무엇인가?

홍보는 관계를 관리하는 일이다. 이를 다시 정의 내리면 '홍보는 A가 B와 희망하는 관계 C를 유지하도록 하는 모든 일'이다. 변수는 3개지만 주체 A와 B는 항상 상호교환적인 관계에 놓이기 때문에 커뮤니케이션 조합이 상당히 늘어난다.

예를 들면 기업(A)이 자신의 제품을 소비자(B)가 구입하는 관계(C)를 유지하기 위해 하는 모든 일이 홍보이고, 정부(A)가 국민(B)으로부터 인정과 선택을 받는 관계(C)를 유지하는 것 또한 홍보다.[4]

2. 홍보 담당자는 무슨 일을 하나?

홍보 담당자가 직접 혹은 간접적으로 관여하는 일은 일일이 열거하기 어려울 정도로 많다. 그 각각의 기능은 서로 연결되고 보완되기 때문에 따로 떼어 나열하기 어렵다. 또 홍보 주체의 성격에 따라 동일한 기능도 전혀 다르게 해석될 수 있다. 홍보 담당자가 미디어와 관련해 맡고 있는 분야는 다양하다. 항목을 열거하면 이런 것들이다.[5]

- 뉴스 보도자료 제공
- 언론사 미팅
- 기획 기사 개발
- 언론사 기획 캠페인
- 칼럼 기획 및 작성
- 미디어 요청사항 대응
- 매체 기획
- 미디어 인터뷰
- 미디어 기획 답사(Media Fam Trip)
- 프레스 킷(Press Kit) 제작
- 미디어 리스트 개발
- 뉴스 클리핑 서비스(News Clipping Service)
- 광고

3. 홍보 담당자는 어떤 존재인가?

홍보 분야 10년 이상 종사자의 답변을 통해 그 역할을 알아본다. 외국계 기업 홍보 매니저는 이렇게 말한다. "매스 미디어를 활용한 홍보를 통해 브랜드 인지도를 높이고 이미지를 향상하고 있습니다. 저희가 지난해 진행한 CSR(Coporate Social Responsibility, 사회공헌)은 회사의 명성에 크게 기여했습니다."

정부 부처의 한 공보관은 "핵심 쟁점에 대해 FGI(Focus Group Interview, 표적집단면접) 등의 조사 과정을 거친 뒤 국민에게 전달하고 싶은 메시지를 효과적으로 전달하고 있다"라고 답했다.

또 소비재의 홍보 전문가는 그의 역할을 이렇게 설명한다. "매출 증대를 위해 뉴미디어를 활용한 마케팅을 적절히 구사하고 PPL(Products in Placement, 간접광고), 스폰서십, 스타 마케팅 등 다양한 방법을 전개하고 있습니다."

마지막으로 대기업 홍보 담당자는 "내부 고객인 직원과 외부 고객인 소비자 두 마리 토끼를 모두 잡는 PR 업무를 추구하고 있다. 외부적으로는 거리 판매에 기여할 수 있는 각종 프로모션과 캠페인을 진행하고 있으며, 사내에서는 CEO와 직원 간 원활한 커뮤니케이션을 돕는 조정자 역할을 하고 있다"라고 말한다.

이처럼 홍보는 담당자가 속해 있는 기관에 따라 조금씩 차이가 나지만 소속 기관의 핵심 역할을 하고 있다는 사실을 알 수 있다.[6]

4. 홍보 메시지, 언론에 어떻게 전하나?

매스 미디어는 홍보 담당자가 메시지를 들고 와 보도를 의뢰할 때 아무런 판단 없이 그대로 전해 주는 것은 아니다. 물론 홍보 담당자가 광고를 들고 왔다면 광고료를 받고 내보낸다. 그러나 들고 온 게 광고가 아닌 홍보 메시지라면 뉴스 가치가 인정되어야만 대중에게 전달한다. 결국 홍보 담당자의 핵심 역할은 미디어에 뉴스 가치를 설득하는 일이다.

따라서 홍보 담당자는 먼저 언론과 원만한 관계를 유지하는 것이 필요하다. 일반적으로 성공한 홍보 담당자의 공통점은 뛰어난 커뮤니케이션 능력과 매끄러운 대인관계를 유지한다는 것이다. 또 그들은 기본적으로 언론에 대해 깊은 이해를 하고 있다.

예를 들면 홍보 담당자의 메시지 설명과 설득을 통해 신문이나 방송에 관련 기사가 실렸을 경우 전화로 감사의 말을 전할 줄 알아야 한다. 기사가 실리기 전에는 모든 걸 협력할 것처럼 매달리다가 게재 후에는 기사가 나간 것조차 모르고 연락마저 하지 않으면 관계는 다음부터 소원해지게 마련이다. 담당 기자는 홍보 담당자에게 배신감마저 느낄 수 있다. 언론의 호의에 감사한 마음을 전하는 것은 기자와 홍보 담당자라는 관계를 떠나 일반적인 인간관계에서도 당연한 태도일 것이다.

5. 기자는 하루를 어떻게 보낼까?

유력 신문사·방송사 기자는 이른바 '언론고시'로 통칭되는 시험을 통해 입사한다. 언론사마다 다르지만 기자는 처음 3~6개월가량은 수습기자로 주로 사회부에서 보낸다. 수습 기간이 지나면 본인의 적성과 희망을 반영해 새로운 부서에 배치된다. 경쟁률이 치열한 입사 시험과 힘든 수습 기간을 거치면서 기자들은 나름대로 자신의 직업에 대한 높은 자부심과 끈끈한 결속력으로 뭉쳐 있다.

그들의 일과는 어떻게 흘러갈까. 일간지 경제부 기자를 예로 들어 보자. 입사 5년째를 맞는 그는 오전 9시면 출입처 기자실로 출근한다. 이처럼 취재기자는 편집국에 남아 있는 경우는 드물다. 주로 '데스크'라고 불리는 부장과 차장 그리고 당번 기자 한 명 정도가 편집국을 지킨다.

아침에 기자가 출입처에 나가면 먼저 여러 신문을 넘기면서 자기가 맡고 있는 출입처나 담당 분야의 기사가 실려 있는지 살펴본다. 담당 분야에서 경쟁사 기자가 특종을 한 게 있으면 그때부터 비상이 걸린다. 그런 경우 낙종을 한 다른 기자는 "물 먹었다"라고 말한다. 낙종한 날 기자는 데스크로부터 싫은 소리를 듣는 이른바 '깨지는' 날이다. 기자들은 이렇게 매일 아침 '성적표'를 받는다. 기자들이 가장 스트레스를 받는 것이 바로 이 부분이다. 아침에 다른 신문 기사를 모니터하는 가장 큰 이유는 바로 이런 낙종 기사가 있는지 확인하는 것이다. 특종을 한 기자는 통상 이런 날 기자실에 나타나지 않는다. 경쟁사 기자들에게 미안해서 나타나지 않는다면 그나마 다행이다. 때로는 다음날 특종에 이은 2탄 기사를 기밀을 유지하며 쓰는 경우도 있다.

다른 신문을 모니터하는 또 다른 이유는 다른 기자가 쓴 기사를 통해 자신의 기사에 대한 새로운 아이디어를 얻기 위해서다. 그러고 나서 그날의 취재 일정을 확인한 뒤 취재현장을 방문하거나 전화취재로 오전을 보낸다. 점심은 취재원을 만나는 취재의 연장선인 경우가 많다. 점심 뒤에는 그날 취재한 내용을 바탕으로 작성할 기사에 대해 데스크에 보고하고 협의한다. 이후 마감 시간(조간은 통상 오후 6시)까지는 정신없이 기사를 작성하고 송고한다. 그러나 기사 송고가 끝났다 해도 크게 시간이 나지는 않는다. 대부분의 기자는 회사로 복귀해 회의를 하거나 다음날 취재거리를 찾는 데 시간을 보내기 때문이다.

이처럼 기자들은 하루의 대부분을 현장에서 보내기 때문에 이들과 전화로 통화한다는 것은 무척 힘들다. 설사 통화가 된다고 해도 할 말만 간단히 하는 게 좋다. 특히 마감을 앞둔 오후 5~6시는 가장 바쁜 시간이므로 기사 내용을 고쳐야 하는 아주 긴급한 사안이 아니라면 전화하지 않는 것이 예의다. 조간신문 기자와 통화하기 수월한 시간은 주로 오전 10~12시, 오후 6~7시다.[7]

4장

보도자료

보도자료는 홍보 담당자가 미디어에 실리기를 기대하면서 만든 보도용 자료다. 내가 전하고자 하는 메시지가 뉴스로서 충분한 가치가 있다는 판단이 들때, 기사화할 만한 내용을 정리해 기자에게 전달하고 미디어에 실리도록 설득하는 가장 보편적인 방법이다.

보도자료는 만들기에 따라 기사화를 이끌어 내는 강력한 수단이 되기도 하고, 함량이 미달일 때는 휴지통에 바로 들어갈 수도 있다. 따라서 홍보 담당자가 보도자료를 잘 만드는 것은 소속 기관의 이미지를 끌어올리는 계기를 만들만큼 중요하다고 할 수 있다. 따라서 언론홍보 담당자가 보도자료를 잘 만들려면 언론이 뉴스 가치를 어떻게 판단하는지를 잘 알고 있을 필요가 있다. 그래야만 거기에 맞춰 보도자료를 개발하고 해당 기자 설득도 효율적일 수 있을 것이다. 또 뉴스 유형도 알고 있으면 적절한 보도자료를 제시해 채택률을 높일수 있게 된다.

1. 어떤 이야기가 기사가 될까?

뉴스라는 단어에 대한 해석은 다양하다. 새로운 것(New)+들(s)이라는 해석을 비롯해 'News'를 이루는 4개의 철자가 동(East), 서(West), 남(South), 북(North)의 머리글자를 딴 것으로 '사방에서 일어나는 새로운 일들'이라 설명하기도 한다.

또 새로운 소식을 뜻하는 'new tidings'라는 표기의 마지막 's'가 new에 붙어 new의 복수형인 news가 되었다는 주장도 있다. 성서가 처음 영어로 번역되던 시기에는 복음(good news)을 뜻하는 새 소식을 표기할 때 tidings가 news보다 훨씬 많이 쓰였다고 한다.

어쨌든 뉴스는 새로운 것이고 하루에도 수많은 뉴스가 기사화돼 언론 매체를 통해 세상에 알려진다. 그러나 그날 일어나는 모든 일이 다 기사가 되지는 않는다. 기사가 되기 위해서는 다음 몇 가지 요건에 해당이 돼야 한다.

- 시의성이다. 지금 일어나는 새로운 사실이거나 기념일에 맞는 주제여야 뉴스가
  되기 쉽다는 것이다. 과거 일이라도 현재 시점에서 새로운 의미를 부여할 수 있다

면 뉴스가 될 수 있다. 하지만 단순한 과거 이야기는 자료로 그치기 쉽다.

- 근접성이다. 우리 곁의 이야기가 지구 반대편에서 일어나는 큰 사건보다 더 관심 있는 뉴스가 될 수 있다.

- 저명성이다. 동네 아저씨가 일으킨 교통사고보다는 인기 연예인의 음주운전 사고가 더 많이 입에 오르내리는 뉴스가 될 수 있다.

- 영향성이다. 어떤 제품의 수출이 크게 늘었다는 것보다는 돼지고기 가격이 크게 오른 것이 더 관심 있는 뉴스가 될 수 있다.

- 흥미성이다. 같은 이야기를 다루더라도 재미있게 구성해야 관심 있는 기사가 될 수 있다.

표 1. 슈메이커의 뉴스 가치(newsworthy) 모델

		일탈 또는 특이성(Deviance)	
		낮은 강도	높은 강도
사회적 중요성 (Social Significance)	낮은 강도	낮은 뉴스 가치 (시의회의 일상적인 회의)	높은 뉴스 가치 (다이애나 왕세자빈의 사망)
	높은 강도	보통 뉴스 가치 (다음 해 예산의 국회 통과)	높은 뉴스 가치 (미국 뉴욕 국제무역센터 공격)

출처: Shoemaker and Cohen, 2006

2. 기사에는 어떤 유형이 있나?

2.1. 스트레이트(Straight)

기자의 생각을 가급적 배제한 채 있는 사실만으로 육하원칙에 맞게 작성된 기사다. 불필요한 수식어를 피하는 간결함이 생명이다. 주로 사건·사고·현상 등을 전달할 때 적합하다. 글을 전개할 때 사실의 핵심 부분을 앞에 배치한다.

2.2. 박스(Box)

기사를 편집할 때 사각형 박스 안에 들어간다고 해 붙여진 이름이다. 스트레이트 기사에 비하면 상대적으로 문체가 부드럽다. 스트레이트 기사의 배경이나 원인, 뒷이야기 등을 전달하는 해설기사나 미담, 인터뷰 등이 이에 해당한다. 복잡한 사안일 경우 전문가의 견해를 처리하기도 한다.

2.3. 가십(Gossip)

가십은 흥미 위주의 뜬소문을 가리킨다. 일반적인 사실을 전달하는 흐름과 달리 가벼운 사안을 다루는 부드러운 기사이다.

2.4. 칼럼(Column)

　필자의 의견이나 주장이 들어가는 글이다. 기자가 쓰는 취재일기나 중견 기자나 논설위원의 칼럼, 또는 외부 필자의 기고 등이 여기에 해당한다. 외부기고는 해당 언론사의 주장과 다를 수 있으며 기자가 쓰는 취재일기 등은 기자가 기사에서 전달하지 못한 자신의 의견이나 뒷이야기를 담게 된다.

2.5. 사설(社說, Editorial)

　해당 언론사의 공식적인 주장을 담은 글이다. 글을 쓴 사람의 이름을 붙이지 않는 것이 특징이다. 흔히 서론 · 본론 · 결론의 3단 논법으로 전개된다.

3. 보도자료를 쓸 때 유의할 점

보도자료는 취재원이나 홍보 담당자가 특정 사안을 기자가 기사로 채택해 활용할 수 있도록 기자와 언론사 등에 알리려는 내용을 정리한 기초자료다. 즉 취재원은 알리고자 하는 상품 등 성과물이나 사업, 정책, 행사 등의 중요 내용을 기자가 이용하기 편하도록 육하원칙에 따라 정리해야 한다. 기자들은 대체로 이런 보도자료를 토대로 기사를 작성하거나 취재 아이디어를 얻게 된다.

보도자료는 실제 기사와 비슷한 형태로 작성되며 기자의 이해를 도울 수 있는 내용을 첨가해 작성하는 것이 일반적이다. 따라서 글을 작성할 때는 이 보도자료가 어떤 유형의 기사에 활용될 수 있을지도 생각할 필요가 있다.

4. 보도자료, 어떤 유형이 있나?

- 보도기사(Straight News) 자료는 시의성 있는 뉴스 전달을 목적으로 한다. 역삼각형 형태의 문장이 일반적이다. 즉 가장 중요한 내용을 맨 앞에 내세우고 뒤로 갈수록 중요도가 떨어지는 순으로 배치한다.
- 기획·해설 기사 자료는 해당 사안에 대한 분석이나 전망을 제시한다. 특정 의제를 던져 주의를 환기시키는 게 목적이다.
- 피처(Feature Story) 자료는 읽을거리를 제공하는 것으로 해당 사안 자체보다는 그 뒤에 숨어 있는 이야기나 화젯거리 등을 중심으로 작성해 흥미를 유발하는 것이 목적이다.
- 캡션(Caption)은 사진 설명이다. 보도자료를 만들 때는 기사와 함께 주목도를 높이기 위해 관련 사진을 최소 한 장은 제공하는 것이 필요하다. 사진을 제공할 때는 그 사진의 내용을 충실히 설명해야 한다.

5. 보도자료 어떻게 작성할까?

보도자료는 일반적인 글쓰기와는 다른 형식을 요구한다. 대체로 제목(Head-line), 전문(Lead), 본문(Body) 순서로 구성된다. 글은 육하원칙에 충실하고 알리려는 핵심을 앞머리에 제시한 뒤 본문을 풀어나가는 역삼각형 스타일로 작성하는 것이 효과적이다. 보도자료 작성의 '3S(Simple, Speed, Service) 원칙'을 참고할 만하다.

- Simple: 보도자료는 단순(Simple)해야 한다. 여기서 말하는 단순은 자료의 양을 말하는 것은 아니다. 알리고 싶은 핵심을 군더더기 없이 제대로 표현하라는 뜻이다. 물론 자료의 양이 장황한 것은 가급적 피해야 한다.

- Speed: 속도감(Speed)이 있어야 한다. 뭐가 뭔지 알 수 없는 지루한 표현으로 정보의 1차 독자인 기자의 관심을 떨어뜨리는 것은 금물이다. 이를 위해서는 보도자료를 작성하는 담당자가 알리려는 사안을 충분히 알고 있어야 한다. 사안을 정확히 알아야 명쾌하게 정리할 수 있다.

- Service: 보도자료는 친절(Service)해야 한다. 한꺼번에 너무 많은 것을 알리려는 시도는 기자에게 부담감을 안기게 된다. 하나의 보도자료에는 한 가지 주제만 다루는 게 바람직하다.[8]

또 육하(六何)원칙을 지킨다. 육하원칙이란 보도 기사의 문장을 구성하는 6 가지 요소를 말한다. 5W1H로 약칭한다. 기사를 읽는 독자의 궁금증 6가지를 가리킨다. 누가(Who, 주체), 언제(When, 시간), 어디서(Where, 장소), 무엇을 (What, 내용), 어떻게(How, 방법), 왜(Why, 이유) 등을 이른다. 스트레이트 기 사를 쓸 때 특히 강조된다.

존슨 총리 열흘째 발열 결국 입원

세계 정상 중 처음으로 코로나19 확진 판 정을 받고 자가격리 중이던 영국의 보리 스 존슨 총리가 5일(현지시간) 런던의 병 원에 입원했다. 엘리자베스 2세 여왕이 대국민 메시지를 발표한 직후의 일이다.

가디언 등에 따르면 총리실은 "확진 이후 열흘 동안 미열 등 증세가 사라지 지 않아 의료진 권고에 따라 예방 차원 에서 입원한 것"이라며 응급상황은 아 니라고 설명했다. 총리실은 또 존슨 총 리가 국민을 향해 자택에 머물러 달라 는 정부 지침을 따라 달라고 당부했다고 덧붙였다.

BBC방송에 따르면 존슨 총리는 흉

부 엑스선 및 산소 포화도, 심 장과 신장 기능 검사 등을 받 는 것으로 알려졌다. 존슨 총 리가 관저에서 원격으로 진 행하던 코로나19 대응 정례 국무회의는 6일부터 도미니 크 라브 외무장관이 맡는다.

총리실은 "존슨 총리가 입원했지만, 여전히 국무는 관장하고 있다"고 강조 했다. 임신 중인 존슨 총리의 약혼녀 캐 리 시먼즈는 트위터에서 "증상이 있어 1주일간 휴식했지만, 진단 검사는 받지 않았다"고 전했다.

oh.wonseok@joongang.co.kr

오원석 기자

그림 3. 이 짧은 기사에도 5W1H를 확인할 수 있다 (중앙일보 2020년 4월 7일 14면)

※ 보도자료 작성, 이것만은 지켜라

– 핵심을 전달하라

불필요한 수식을 피하고 핵심만 부각시키는 것이 메시지를 오히려 더 강하게 전달 한다.

– 정확히 표현하라

사실만을 명료하게 표현하는 것이 중요하다. 과장된 표현은 사용하지 말아야 한다.

- **문장은 짧아야 한다**

  한 문장에 가급적 한 가지 사실만 표현한다. 한 문장에 여러 사실을 열거하면 초점이 흐려지고 산만해진다.

- **전문용어를 피하라**

  전문용어를 남발하고 내용이 복잡한 자료는 독자는 물론 기자들의 관심도 끌어내지 못한다.

- **잘 모르는 내용은 제외하라**

  잘 모르는 사항이나 추측 등은 절대 보도자료에 넣지 말아야 한다. 보도자료를 작성한 뒤에는 해당 내용이 보도되어도 즉 밖으로 알려져도 괜찮은 사실인지 다시 검토하는 것이 필요하다.

- **홍보 담당자의 연락처는 복수로 기입하라**

  기자가 보도자료에 관해 언제든 질문할 수 있도록 홍보 담당자의 연락처를 기입하되, 두 명 이상 복수로 적어 한 사람이 통화 중이거나 연결되지 않더라도 다른 담당자와 접촉할 수 있도록 길을 열어야 한다. 물론 다른 담당자도 보도자료 내용과 언론의 특성을 충분히 이해하고 있는 사람이라야 한다. 그러나 담당 임원이나 대표의 연락처는 미리 밝히지 않는 것이 낫다.[9]

* 보도자료 사례

경상북도 보도자료 【23. 1. 12(목)】	담당부서	메타버스과학국 과학기술과		
	작성자	과 장	엄 태 헌	
		팀 장	이경희	주무관 김상춘
	연 락 처	054-880-2427		

경북도, 반도체 특화단지 유치 위해 총력 대응
- 12일 국회에서 「구미 반도체 특화단지 유치를 위한 포럼」 개최 -
- 구미 반도체 특화단지 지정을 위한 추진전략 및 방향 제시 -

경상북도는 12일 국회의원회관 소회의실에서 반도체 산학연관 관계자 100여명이 참석한 가운데 '구미 반도체 특화단지 유치를 위한 포럼' 을 개최했다.

이번 포럼은 구자근, 김영식 국회의원이 공동 주최했으며, 경북도, 구미시, 경북도의회, 구미시의회, 경북 반도체산업 초격차 육성위원회가 주관했다.

이날 이철우 경북도지사, 주호영 국민의힘 원내대표, 양향자 국민의힘 반도체특위 위원장, 양기욱 산업통상자원부 산업공급망정책관, 김장호 구미시장, 안주찬 구미시의회의장, 백홍주 원익큐엔씨 대표이사 등 중앙·지방 정재계 인사들이 다수 참석했다.

반도체 특화단지는 전국적으로 뜨거운 감자로 떠오르고 있다.

특히, 국가전략기술 보유기업의 사업화 시설 투자에 대한 세액공제 및 산업장비 지원, 산업단지의 용적률 1.4배 상향, 특화단지 입주기업 대상으로 투자설명회(IR), 법무 컨설팅 등 기술혁신 성과물의 해외 수출 촉진 등을 통한 판로 개척 인센티브를 지원한다.

이러한 지원 조건으로 기업투자 여건 개선과 특화단지의 기업투자가 획기적으로 개선될 것으로 전망된다.

이번 포럼에서는 산학연관 반도체 분야 최고의 전문가들이 참여한 가운데 구미 반도체 특화단지 발전방안을 제시하는데 초점을 맞췄다.

주제발표에서는 이현권 금오공과대학교 교수가 구미 반도체 특화단지 추진전략을 발표하며 반도체 산업의 지속가능한 성장 전략을 제시했다.

이어 장웅성 산업통상전략기획단장을 좌장으로 양기욱 산업부 산업공급망정책관, 정연길 한국세라믹기술원장, 전재민 한국반도체산업협회 연구지원본부장, 이종수 한국반도체디스플레이기술학회 대외협력부회장이 반도체 경쟁력 강화에 대한 패널 토론이 펼쳐졌다.

이철우 경북도지사는 "반도체 특화단지가 경북(구미)으로 지정되면 혁신 생태계 구축과 균형발전을 꾀할 수 있다"며, "도는 구미를 중심으로 반도체산업 허브를 구축해 대한민국의 미래를 새롭게 만들어 보겠다"고 밝혔다.

구미 반도체 특화단지 유치 국회 포럼 계획(안)

■ 개 요

○ 일　　시 : 2023. 1. 12.(목) 10:00
○ 장　　소 : 국회의원회관 제1소회의실
○ 참 석 자 : 100명
  - (국회의원) 구자근, 김영식, 주호영, 양향자 의원
  - (산 업 부) 양기욱 산업공급망정책관
  - (경 북 도) 도지사, 김용현, 정근수, 김창혁, 백순창 도의원
  - (구 미 시) 시장, 의장, 상공회의소회장, 금오공대총장, 시의원
  - (기 업 체) 원익큐엔씨(백홍주 대표이사), SK실트론(이영석 부사장), KEC
○ 주　　최 : 구자근, 김영식 국회의원

■ 시간계획

시 간	구 분		내 용	비고
10:00~11:05 5′	개회식		국민의례 및 내빈소개	
10:05~10:30 25′	개회사		구자근, 김영식 의원	
	축 사		도지사, 백홍주 공동위원장, 국회의원, 구미시장	
10:30~10:35 5′	사진촬영		VIP, 발표자 및 토론 패널	
10:35~1050 15′	주제발표		(발표자) 이현권 금오공대 교수 (주 제) 구미 반도체 특화단지 추진전략	
10;50~11:20 30′	토 론		(좌 장) 산업통상자원전략기획단(OSP) 장웅성 단장 (패 널) 산업부 산업공급망정책관 양기욱 국장 　　　한국세라믹기술원 정연길 원장 　　　한국반도체산업협회 전재민 연구지원본부장 　　　한국반도체디스플레이기술학회 이종수 대외협력회장	
11:20~12:30 70′	폐 회 오 찬		토론 마무리 및 안내, 오찬	

6. 보도자료 언제 배포하는 게 좋을까?

보도자료는 만들어지면 배포하는 시점을 정하는 것도 중요하다. 보도자료 배포는 대체로 매체별 마감 시간과 마감 일자 등을 고려해서 정해야 한다. 마감 시간이 임박해 전달받은 보도자료는 데스크가 아주 중요하게 여기는 사안이 아닌 이상 일단 지나치기 쉽다. 중요한 사안이라 하더라도 마감 시간이 다 돼 보도자료를 전하면 기자들은 불평하게 된다.

보도자료는 기본적으로 사전에 배포하고 충분한 설명을 하는 것이 좋다. 사전이라고 해도 보도 몇 시간 전에 자료를 전달하는 게 아니다. 적어도 하루 전에는 기자에게 전달돼 기자가 충분히 내용을 숙지하고 보충 취재를 할 수 있는 시간이 있어야 한다. 최소한 기사 작성 당일 기자가 출근해 데스크에게 그날의 기삿거리를 보고하기 전에 자료가 전달돼야 한다.

모든 언론사가 알아야 하는 중요한 사안이고 보도 시점을 통제해야 할 필요성이 있는 경우는 보도유예(Embargo, 엠바고) 협조를 요청하고 자료에 분명히 표시한다. 하지만 이는 어디까지나 언론사의 협조를 구하는 것일 뿐이며, 항상 특종을 찾는 언론의 특성상 협조해 주지 않거나 약속을 깨는 경우도 흔히 있다. 혹은 언론에서 전혀 중요한 사안이라고 보지 않는데 홍보 담당자가 보도유예를 요청하면 웃음거리가 될 수도 있다. 어쨌든 보도자료는 같은 시점에 많은 매체에 보도될 수 있도록 유도하는 것이 바람직하다.[10]

7. 보도자료 배포 뒤의 취재 어떻게 대응할까?

보도자료를 받은 기자들이 그것만으로 바로 기사를 쓰는 경우는 거의 없다. 기자는 보도자료를 바탕으로 보충 취재를 하기 때문에 이에 대한 준비를 해야 한다. 따라서 홍보 담당자는 자신이 배포한 보도자료와 관련된 내용을 충분히 이해하고 있어야 한다.

설사 내용을 충분히 설명할 자신이 없더라도 보충 취재를 회피해서는 안 된다. 정중하게 응대하되 아는 것과 모르는 것을 분명히 구분해서 설명하고, 모르는 것은 언제까지 확인해서 알려주겠다고 양해를 구해야 한다. 그렇게 해야만 만에 하나 생길지도 모르는 오보를 막을 수 있다. 특정 사안에 대해 '아마 그럴 것'이라는 식의 추측성 발언을 하면 사후에 수습하기 어려운 결과를 부를 수 있다. 기자와의 대화는 사적인 대화가 아니라 언제든 보도에 포함될 수 있는 대화임을 항상 명심해야 한다. 홍보 담당자가 별생각 없이 꺼낸 한 마디가 기사에 생각지도 않게 인용될 수 있기 때문이다.[11]

5장

미디어 보도의 위기관리

1. 언론보도 이후 대응

　홍보 담당자는 언론사에 보도자료를 배포한 뒤 언론보도를 주의 깊게 지켜볼 필요가 있다. 우선은 미디어에 해당 기사가 실렸는지 신속히 파악해야 한다. 또 기사가 실렸을 때는 게재된 기사가 어떤 방향으로 서술되었는지 확인할 필요가 있다.

　먼저 기사가 긍정적인 방향으로 실렸을 때 홍보 담당자는 해당 언론사에 "기사를 잘 봤다"라는 취지의 인사를 시간을 지체하지 않고 건넨다. 해당 게재 기사를 언급할 때는 구체적인 대목을 적시하고 감사하다는 뜻을 전하는 것이 좋은 느낌을 준다.

　관련 기사가 언론사에 부정적으로 실렸을 때는 유의할 필요가 있다. 이 경우 흥분이나 비난하는 투의 발언은 역효과를 부를 수 있다. 홍보 담당자는 부정적으로 보도된 경우 추이를 지켜보며 면밀히 대응할 필요가 있다. 이때 감정적 앙금이 쌓이지 않도록 유의한다. 기자는 관련 기사를 이후에도 속보로 계속 쓸 수 있기 때문이다. 때로는 기사를 보고 무시하는 것도 하나의 대응 방법이 될 수 있다.

2. 언론보도 위기관리와 대처

통상 위기라고 하면 기업에 부정적 영향을 미칠 수 있는 모든 요소로 천재지변, 화재, 정치적 변혁, 불매운동, 산업 스파이, 환경 위험, 노사 분규, 불의의 사고, 지적 소유권 분쟁, 특허 관련 위험 등 다양하다. 여기에 쉽게 떠올리기 어렵겠지만 비판적인 언론보도도 빼놓을 수 없다. 위기가 감지될 때 기업은 이후 일어날 수 있는 상황에 대한 조사와 분석부터 시작해야 할 것이다.

위기는 흔히 그 시기와 시간을 예측하기 어렵게 순간적으로 다가오는 속성이 있다. 언론보도의 위기는 평소 기자들의 취재 생리를 알고 있으면 대처에 다소 도움이 될 수 있다. 기자는 중요하거나 미묘한 기사를 작성할 때는 완성 직후 사실을 마지막 확인하는 차원에서 취재원에게 전화를 걸 수 있다. 이때가 중요하다. 홍보 담당자가 취재 과정에서 그런 느낌을 받는다면 상황을 명확하게 설명해야 한다. 이때 해당 언론사에 잘 대처하지 못하면 99% 비판적으로 기사가 나가게 된다.

특정 언론사는 그 기사를 치고 나가 주목을 받으면 다시 후속 기사를 쓴다. 언론의 속성이다. 특종을 놓친 타사 기자들은 낙종을 만회하기 위해 새로운 사실과 원인, 예측 등을 쏟아낸다. 마침내 언론보도의 위기가 닥친 것이다.

이렇게 위기가 왔을 때는 기업은 상황 분석과 문제점을 정리하고 대응 논리를 세워야 한다. 예를 들면 사실을 사실대로 명확히 밝힐지 아니면 무대응으로 나갈지 결정해야 한다. 이런 상황에서는 후속 기사가 이어지지만 않아도 성공적으로 위기를 관리하는 것이 된다.

2009년 '석면 유출' 기사 사례를 돌아보자. 처음에는 기사가 건물에서 발생한 '석면 유출'에 초점을 맞추었다. 그러나 그 내용은 KBS의 '소비자 고발' 방송 이후 '베이비파우더에서 석면 검출'로 확대된다. 이후 언론보도는 눈덩이처럼 불어난다. 그 과정을 보도된 순서대로 정리하면 이렇다.

> 석면 이슈의 시작('옛 삼성본관 석면유출 시료 채취' 사진기사/한겨레/2009.3.12.) → 석면 이슈의 문제 제기('소비자 고발 충격! 베이비파우더에서 석면 검출'/KBS/2009.4.1.) → 베이비파우더 관련 전 언론사 기사화('베이비파우더 12종서 석면 검출'-식약청 판매 중지 조치, "함유 정도는 아직 몰라"/한겨레/2009.4.2.) → 베이비파우더에서 화장품으로 확장, 관련 회사 사과('성인 화장품까지 석면 공포 확산'-파우더·아이섀도·립스틱 제품에 탈크 사용 확인, 식약청 "조사 검토"…보령·유씨엘 등 석면 사과/서울신문/2009.4.3.) → 화장품, 의약품에서도 석면 검출('유명 화장품·제약사도 석면 탈크 사용'-식약청 오늘 명단 공개…화장품協 회수·판매 중단/헤럴드경제/2009.4.6.) → 석면 관련 정부 부처 회의('정부, 9일 석면 관련 대책회의 개최'/연합뉴스/2009.4.9.) → 석면 제품 판매금지 조치('석면 함유 藥 1122개 판매금지'-액티스·아스콘틴·아진탈…/매일경제/2009.4.10.) → 식약청장의 눈물('"너무 괴롭다" 식약청장의 눈물'-국회, '석면 파우더' 등 질타/조선일보/2009.4.14.) → 법원의 판결('석면 베이비파우더업체 업체 무더기 기소'-/한국경제/2009.7.16.)

앞에서 언급한 위기의 예측 불가능성, 급속한 상황 전개로 보도 확산, 후속 기사 양산이 일어난 것이다. 언론보도의 위기는 상황 발생 초기에 어떻게 대응하느냐에 따라 위기가 극복되기도 하고 때로는 더 악화하기도 한다. 기업이 평소 이런 위기 상황 대비책을 숙지하고 있다면 갑작스러운 위기 발생에 당황하지 않고 대처할 수 있을 것이다.[12]

3. 위기가 발생했다면 어떻게 대응할까?

※ 위기관리 사례, 한국콜마

- 막말 유튜브 영상 논란

- 사건 발생 2019년 8월 7일

- 언론보도 위기 발생 2019년 8월 9일

- 위기의 성격이 '석면 이슈'와 본질적으로 달라

- 제품의 하자도 아니고 회장의 발언도 아니다

- 위기관리 나섰지만 일파만파

- 공식 대응에도 속수무책

- 주가 연중 최저치로 떨어져 8만3500원 → 2만1750원(2020년 5월)

- 회사 측 대국민 사과 입장 발표(2019년 8월 9일)

- ○○○ 한국콜마 회장 사퇴(8월 11일)

- 홈쇼핑업계, 한국콜마 제조 화장품 편성에서 제외(8월 13일)

- 한국콜마 '친일' 지우기 위해 일본인 이사 3명 모두 사임(9월 5일)

※ 위기관리 성공 사례, 존슨앤존슨 타이레놀 독극물 사건

- 존슨앤존슨의 타이레놀에 누군가가 주입한 독극물을 복용하고 7명이 사망한 사건 → 사건 직후 판매량 84% 감소했다가 6개월 만에 완전 회복

- 성공 요인

1. 사망자 정보, 판매 장소, 유통 경로 등 정보 신속하게 수집, 타이레놀 광고 전면 중단, 타이레놀 리콜 즉각 시행–신속하고 정확한 조치
2. 캡슐을 알약으로 바꾼다는 내용 홍보–제품에 대한 신뢰 유지
3. 의사 · 병원 · 유통업자 등에 50만 통 넘는 전보 발송, 언론을 통해 성명 발표– 기업의 대외 이미지 보호 노력

대기업의 경우 위기가 발생하면 24시간 골든 타임을 놓치지 않도록 지체 없이 위기관리위원회 등을 소집한다. 위기관리위원회는 대내외에 사건의 진실을 바르게 알릴 수 있는 응대 논리대로 매뉴얼을 만들어 일관되게 설명할 수 있게 만든다.

표 2. 언론보도 위기 대응

	활동	세부 활동
위기 발생	위기관리 계획 수립과 추진	위기 감지
		위기관리위원회 가동
		현장 조치, 책임부서 지정, 상황 전개 시나리오 및 대응지침 마련
		예상 질문 및 답변 마련, 해당 기자 파악
		창구 일원화와 기자 취재 대응
		향후 보도 추이 분석, 위기 상황 종결 이후 계획

매뉴얼에는 위기가 발생한 상황을 어떻게 관리할 것인가/현장 조치와 상황 분석, 피해 손실 관리 등의 절차는 어떻게 할 것인가/책임 부서는 어느 조직이고, 책임자는 누구며, 위기관리 활동을 추진할 것인가/어떤 조치를 취할 것인가/해당 기자는 누구인가/연락처 등을 포함시킨다.

3.1. 위기 상황의 전화 취재 응대

기자가 전화를 걸어와 취재를 당하면서 질문의 방향이 심상치 않을 때 전화를 받은 담당자는 다음 사항을 염두에 두어야 한다. 첫째, 취재기자의 정확한 이름과 소속 언론사, 부서, 전화번호를 파악한다. 그래야만 통화가 끝난 뒤 필요할 경우 다시 연락을 취할 수 있게 된다. 둘째, 기자의 취재 의도나 방향을 간파해야 한다. 기자는 전화가 중요한 취재 수단이다. 전화는 서로 상대의 얼굴을 볼수 없어 대체로 부담 없이 속사정을 말하기 쉬운 환경이 된다. 기자가 홍보 담당자에게 전화하는 것은 십중팔구 취재하기 위해서다. 셋째, 전화를 받는 그 순간부터 담당자는 기자에게 인터뷰를 당하고 있다. 따라서 명확한 내용이 아니면 절대로 바로 답하지 말아야 한다. 넷째, 인터뷰와 취재를 거절할 수도 있다. 그렇게 하는 것이 기업에 유리하다고 판단이 들거나 회사 차원에서 그런 방침이 정해졌다면 그것도 방법이다. 일반적으로는 올바른 정보를 기자에게 제공하는 것이 맞다. 다섯째, 필요한 정보를 알려 주든 취재를 거절하든 기자에겐 예의 바르게 대해야 한다.

3.2. 위기 상황의 대면 인터뷰 요령

취재기자와 인터뷰 약속이 잡히면 일단 질문 내용을 요청하는 것이 방법이다. 물론 언론사가 그런 요청에 응하지 않는다면 할 수 없다. 다행히 질문지가 오면 해당 부서는 답변서를 만든다.

인터뷰에 응하는 요령은 다음과 같다. 첫째, 취재기자가 던진 질문에 가급적 간결하고 명확하게 답한다. 기자가 듣고 싶은 이야기를 인터뷰이가 답하지 않을 때는 윽박지르거나 유도 신문을 할 수도 있다. 그래도 그런 분위기에 말려

들지 않아야 한다. 둘째, 정직이 최선의 방책이다. 답변은 솔직해야 한다. 취재진은 인터뷰이의 말만 듣고 기사를 쓰지 않는다. 팩트 체크(Fact Check, 사실 확인)를 한다. 기자에게 만에 하나 거짓말을 하면 국민에게 거짓말을 하는 것과 마찬가지가 된다. 셋째, 모르는 사실은 모른다고 명확하게 답한다. 모르면서 아는 척하면 문제가 더 커지는 경우가 생길 수 있다. 넷째, 오프 더 레코드(Off the Record)는 지켜지지 않는다. 기자에게 말하면 안 되는 말은 절대로 이야기하지 말아야 한다.

표 3. 위기관리 커뮤니케이션 3원칙

1. 신속성	객관적인 사실로 정보 공백 메우기 → 루머와 추측 방지 위기 발생 후 24시간 골든 타임
2. 개방성	정보는 정직하게 공개 침묵은 잘못을 인정하는 것으로 인식될 수 있음
3. 일관성	일관성이 떨어지면 신뢰도도 떨어짐 대외 창구를 일원화하고 공유 지침대로 대응

표 4. 24시간 골든 타임 대응 절차

1. 사실관계 확인 및 기업 입장 정리	기사의 사실 여부 신속 확인 해명할 내용 정리 → 대응 내용, 내부 협의와 공유
2. 보도자료 발표	보도자료 작성 뒤 언론사에 송부 사실관계, 유감 내용, 사과 내용, 개선책
3. 언론 대응 준비	핵심 내용 위주로 인터뷰 자료 등 준비
4. 언론 모니터링과 후속 보도 확인	언론보도 상시 확인 여론 흐름 모니터링

출처: 최진봉, 위기관리 커뮤니케이션, 2015 참고

4. 언론보도 위기 어떻게 예방할 수 있을까?

홍보팀은 주요 일간지에서 기업과 관련된 기사를 매일 스크랩하고 내용을 분석한다. 기사 분석을 통해 트렌드와 기획 기사로 언론에 참여할 가능성, 발생 가능한 위기 요소들이 있는지 판단하고 보고서를 작성할 수 있다. 기사 스크랩 자료와 분석한 내용은 주요 관련 부서 책임자와 CEO에게 일일 보고한다.

방송은 뉴스부터 각종 시사 프로그램 등 기업의 위기 상황을 만들 수 있는 방송 프로그램을 모니터링한다. 또 향후 뉴스 및 시사 프로그램의 취재 방향 예측도 가능하다면 수행한다.

※ 위기 대응 매뉴얼 작성은

- 실질적 도움 위해 최대한 충실하고 간결하게 작성
- 기업 · 기관의 특성과 사정에 맞게 내용 작성
- 매뉴얼을 지속적으로 점검하고 검토해 시대에 맞게 수정 · 개선
- 위기관리팀을 비롯해 모든 직원의 사전 숙지와 훈련 필수
- 핵심 내용을 중심으로 작성

5. 일반 직원이 갑자기 취재기자 전화를 받을 때는?

대기업에서 홍보 경험이 없는 임직원은 기자와 기업체의 관계를 잘 이해하지 못한다. 그래서 기자들의 취재 방식을 받아들이지 못하는 직원들은 때로 기자들의 질문에 감정을 억누르지 못하는 경우도 생겨난다.

기업체의 임직원은 기자에게는 취재원이 된다. 통화한 내용은 방송의 경우 녹음되기도 하고 녹음된 내용이 방송에 나갈 수도 있다. 또 인터뷰한 내용은 기사화되기도 한다. 따라서 갑작스러운 전화를 받으면 즉답을 미룬 채 홍보팀과 일차 상의하는 게 바람직하다. 그리고 대답하는 경우 친절하고 긍정적인 말투로 짧게 대답하는 게 좋다.

인터뷰에 응할 때 유의할 것은 기자가 소속된 매체의 영향력을 보고 차별대우를 해서는 안 된다. 인터뷰에서 답변할 때는 경쟁 관계인 기업체를 자극하거나 협력사와의 제휴 건 등은 가급적 건드리지 않는 게 좋다. 또 '노코멘트(No comment)' 할 때는 불성실하거나 오만하게 보이지 않도록 주의해야 한다. 취재 태도 등에 기분이 상해 기자에게 압력을 가하는 등 무례한 행동을 해서도 안 된다.[13]

6. 오보가 나면 어떻게 대응할까?

오보(誤報)는 어떤 사건이나 소식을 잘못 알리는 것이다. 오보는 좁게는 사실과 다른 보도나 부정확한 보도, 잘못된 예측 보도, 신빙성 없는 보도 등을 가리킨다. 그러나 넓은 의미로는 허위와 날조, 과장, 불공정, 윤색 보도, 기자의 판단이나 해석의 착오에 따른 보도, 교열 과정의 단순한 실수에 따른 보도 등을 모두 포함한다. 이런 기사에 대해서는 원칙적으로 해당 언론사에 해명·정정·취소·사과 등을 요구할 수 있다.

오보의 발생 원인은 취재원의 잘못, 언론사의 구조적 문제, 해당 사안에 대한 기자의 무지 등으로 나누어진다. 취재원의 잘못은 해당 사안에 대한 전문성의 부재, 부정확한 인식, 거짓말 등으로 인해 취재원이 오보를 만들어낸 경우다. 또

그림 4. 2014년 4월 16일 발생한 여객선 세월호 침몰 사고. 구조를 두고 사고 초기 대형 오보가 이어졌다

언론사의 구조적 문제로는 마감 시간을 맞추기 위해 사실관계를 정확하고 철저하게 확인하지 못한 언론사에서 이른바 팩트 체크(Fact Check) 기제가 작동하지 않은 경우 등이다. 기자의 무지는 전문 지식의 부족, 자료에 대한 잘못된 평가, 전체 사안을 보는 안목 부족 등으로 인해 발생하는 경우다.

※ 진실의 속도
- 조너선 스위프트(Jonathan Swift)
- 1710년《정치적 거짓말의 기술》에서 가짜 정보의 피해 언급
- 거짓은 빠르게 이곳저곳을 누비지만 진실은 언제나 그다음에 느지막이 걸음을 옮긴다.
- 오류와 허위를 발견한 누군가가 이의를 제기해도 자발적 수정이나 정정, 법적 대응인 중재는 늦게 이루어진다.
- 진실이 모든 사람에게 전달된다는 보장도 없다.

6.1. 오보의 유형

– 객관적 오보

기사에 등장하는 사람이나 사물의 이름을 정확하게 표기하지 않거나 등장인물의 성별 · 주소 · 직업 · 장소 · 날짜 등과 같은 객관적인 사실을 확인하지 않아 잘못을 범한 경우다. 이 경우는 교열에서도 바로잡기가 어려워진다. 중앙일보는 활자를 하나하나 뽑아 신문을 만들던 시절 대통령의 한자 표기를 '大統領' 대신 '犬統領'으로 잘못 만들어진 이후 '大統領' 세 글자를 하나로 묶어 두었다고 한다.

– 주관적 오보

과장, 누락, 부정확한 제목, 과대, 과소, 생략, 축소, 왜곡 등과 같이 현재적이든 잠재

적이든 혹은 의도적이든 비의도적이든 기자의 주관적 견해가 개입돼 나타나는 현

상을 말한다. 객관적 오보는 단순한 실수나 부주의로 고의성이 없어 심각한 논쟁거

리가 되지 않고 대체로 보도된 내용이 쉽게 수정된다. 하지만 주관적 오보는 다분히

의도적이며 고의성이 있어서 피해자와 해결이나 타협이 어려워진다.[14]

그림 5. 조선일보는 창간 100주년 하루 전인 2020년 3월 4일 10면에 그동안 있었던 대형 오보를 정정했다
(1986년 11월 17일 자 '김일성 총 맞아 피살' 호외 → 실제로는 1994년 7월 8일 사망)

6.2. 오보에 대응하는 방법

– 사전 대응

기자가 기사를 쓴 뒤 업체에 사실 확인을 거치는 경우다. 물론 대부분의 취재 기사

는 언론에 보도되기 전 사전 확인을 거치지 않는다. 확인을 거칠 때도 기사를 검토

할 수 있는 시간은 극히 제한된다. 따라서 업체가 사전 확인을 할 때는 오보가 발생

하지 않도록 정확하게 또 신속히 검토를 마쳐야 한다.

– 사후 대응

오보가 발생한 뒤에 이루어지는 대응이다. 해당 언론사에 즉시 해명이나 정정, 반론

을 요구한다. 이때 유의할 것은 오보를 접한 다른 언론사가 그 기사를 사실로 받아

들여 확대 재생산하는 상황이다. 따라서 홍보팀은 해명 자료를 신속히 만들어 언론

사에 배포할 준비를 해야 한다. 오보를 한 해당 언론사가 정정 요구를 받아들이지

않을 때는 해명 보도자료를 다른 언론사에 배포해 오보 확산을 방지한다. 그리고 오

보한 해당 언론사에 대해서는 마지막 수단인 법적 대응을 한다.

그림 6. 중앙일보는 오보가 확인될 경우 '바로잡습니다'로 바로 기사를 정정한다

6.3. 법적 대응

– 정정보도 청구

언론 기사로 피해를 입은 당사자는 개인이든 기업이든 기관이든 누구나 구제를 받

는 절차로 먼저 언론중재를 거치도록 하고 있다. 언론중재는 지역별로 조직돼 있는

언론중재위원회가 주관한다.

정정보도 청구는 언론보도의 전부 또는 일부 내용이 진실하지 않아 이로 인해 피해를 입은 사람이 언론사에 이를 진실에 부합되게 고쳐 보도해 달라고 요구하는 것을 말한다. 문제의 보도가 있음을 안 날로부터 3개월 안에, 보도일로부터 6개월 이내에 해야 한다. 쌍방이 중재가 이루어지지 않으면 피해자는 법원에 정정보도 청구 소송을 제기할 수 있다.

그림 7. 언론중재위원회 인터넷 홈페이지

잘못된 보도의 유형

아래와 같은 잘못된 보도로 인해 피해를 입을 수 있습니다.

  인명이나 지명, 통계수치 등을 잘못 기록한 보도

 거짓을 사실인 것처럼 꾸민 허위보도

기사 내용과 관련 없는 사진을 보도하여 오보를 한 경우

 팩트의 확인을 받지 않고 글을 고쳐 필자의 의도와 다르게 유인한 보도

사실을 크로되게 과장한 보도

  전체 사실 중 일부분만을 부각하여 나쁜 인상을 심어주는 왜곡 편파 보도

한쪽의 주장만을 전달한 편파보도

  범죄혐의나 범인으로 보도 되었으나 수사결과 혐의가 없는 것으로 밝혀진 경우

 정당한 이유 없이 개인의 신상, 사생활, 성명을 보도한 경우

 개인의 사회적 평가를 저하시키는 문제제기 보도

□ 잘못된 보도로 인한 피해의 종류

 명예훼손
사회적 평가를 저하시키는 구체적인 사실을 적시한 경우

 음성권 침해
동의없이 음성을 비밀로 복음해 보도한 경우

 초상권 침해
얼굴이나 신체적 특징을 동의 없이 촬영, 보도한 경우

 성명권 침해
익명처리해야 하는 개인의 성명을 동의없이 실명으로 보도한 경우

 사생활 침해
사적 영역에서 이루어지는 생활을 본인의 의사에 반해 무단 공개한 경우

 재산권 침해
보도로 인해 개인이나 회사등의 재산상 손해가 발생한 경우

□ 피해회복을 위한 청구유형

 정정보도청구
언론보도가 진실하지 아니한 경우 해당 언론사가 스스로 기사 내용이 잘못되었음을 밝히는 정정기사를 게재(또는 방송)해 줄 것을 요구하는 권리입니다.

 반론보도청구
언론보도로 인하여 피해를 입은 사람이 언론보도 내용에 대한 자신의 입장을 보도해 달라고 요구하는 권리입니다.

 추후보도청구
언론에 의하여 범죄혐의가 있거나 형사상의 조치를 받았다고 보도된 이후 무죄판결 등 혐의가 없는 것으로 밝혀진 경우에는 해당 언론사에게 자신이 무죄라는 취지의 내용을 게재(또는 방송)해 줄 것을 요구하는 권리입니다.

 손해배상청구
언론보도로 인하여 피해가 발생한 경우 피해에 대한 금전적인 배상을 요구하는 권리입니다.

그림 8. 잘못된 보도, 잘못된 보도로 인한 피해 및 언론중재

– 반론보도 청구

언론보도로 피해를 입은 사람이 언론중재위원회에서 언론사에 그 보도 내용과 대립되는 자신의 주장을 보도해 줄 것을 요구하는 것이다. 문제의 보도가 있음을 안 날로부터 3개월 안에, 보도일로부터 6개월 이내에 해야 한다. 쌍방이 중재가 이루어지지 않으면 피해자는 법원에 반론보도 청구 소송을 제기할 수 있다.

– 추후보도 청구

언론에 의해 범죄 혐의가 있거나 형사상의 조치를 받았다고 보도된 사람이 무죄 판결 등을 받아 혐의가 없는 것으로 밝혀졌을 때 해당 언론사에 자신이 결백하다는 내용을 보도해 줄 것을 요구하는 것이다.

– 손해배상 청구

언론보도 피해를 입은 사람이 해당 언론사에 자신의 피해에 대해 금전적 배상을 요구하는 것이다. 언론중재위원회에 손해배상 청구를 신청하려면 문제의 보도가 있음을 안 날로부터 3개월 안에, 보도일로부터 6개월 이내에 해야 한다. 쌍방이 중재가 이루어지지 않으면 피해자는 법원에 손해배상 청구 소송을 제기할 수 있다.

– 온라인 위험 매뉴얼

인터넷을 통한 허위사실 유포로 기업의 이미지가 훼손되거나 매출이 감소되는 경우가 허다하다. 개인의 게시 글을 올려 생겨나는 피해도 속출한다. 온라인상의 게시 글 위험에 대한 대응도 준비해야 한다. 온라인 게시 글도 언론중재법에 근거해 정정 · 반론 · 추후보도 등을 청구할 수 있다.

* 법적 대응 사례

법원 "파이낸셜뉴스, 남양유업 '멜라닌 분유' 기사 게재 말라"[15]

남양유업은 멜라민 분유를 수출했다는 등의 기사를 보도한 파이낸셜뉴스를 상대로 낸 '기사 게재 등 금지 가처분 신청'이 법원에 의해 받아들여졌다고 밝혔다.

서울남부지법 민사 51부(부장판사 윤준)는 파이낸셜뉴스가 게재한 기사 내용은 남양유업의 명예를 훼손한 것이 인정된다면서 파이낸셜뉴스는 '멜라민 함유 의심 분유' '멜라민 검출이 의심돼 국내 유통이 중단된 분유' 등의 문구를 포함한 기사를 더 이상 게재하지 말라고 명령했다.

남양유업은 파이낸셜뉴스가 지난 1월 30일 이후 현재까지 매일 "멜라민 분유 수출 파문"이라는 등의 기사를 게재하였으며, 해당 제품은 멜라민이 전혀 검출되지 않은 적법한 제품이라며 법원에 기사 금지 등 가처분 신청 외 10억 원의 손해배상 청구 소송과 함께 명예훼손 혐의로 검찰에 고소한 바 있다. 남양유업은 허위 과장된 언론보도로 인해 과거 수십 년간 쌓아왔던 세계 수준의 분유회사라는 신뢰에 손상을 입는 한편, 한국 제품의 대외 수출 이미지에 악영향을 줄 수 있기에 이를 바로잡고자 불가피하게 법적 조치를 취했다고 밝혔다.

디지털뉴스 jdn@joins.com

〈JOINS〉, 2009. 2. 26.

6장

TV… 1분 20초에 매력과
이미지를 담아라

1. TV 뉴스, 신문과 어떻게 다른가?

TV 뉴스는 현실을 반영할까. TV를 비롯한 영상 미디어가 발전하면서 지구촌은 이제 세계 곳곳의 모습과 사람들의 살아가는 이야기 등 세상 모든 일을 간접 체험할 수 있게 되었다. 세상 모든 일을 직접 경험해야 할 필요성이 줄어든 것이다.

이러한 환경에서 TV 뉴스는 세상을 비추는 창으로 역할하고 있을까. 신문과 달리 세상의 프리즘, 세상의 단면, 세상의 한 부분을 보여 주고 있을까. 새로운 시대 TV 뉴스의 현주소를 알아본다.

2. TV 뉴스는 사실인가

TV 뉴스는 크게 보면 사실을 반영한다. 그러나 제작 과정 등을 들여다보면 현실의 가공된 반영으로 볼 수 있다. 기자는 취재 과정에서 주관적 판단을 내리며 사실을 취사선택한다. 보도국의 데스크는 기자가 작성한 기사를 검토하면서 사실은 다시 걸러진다. 이른바 게이트키핑(Gate Keeping)이다. 이 과정에서 잘못된 사실이 걸러지지 못할 수도 있고 왜곡되기도 한다. 여기에다 공영방송은 민간자본 중심의 신문과 달리 그 시대를 반영하는 국가 이데올로기가 녹아들기도 한다. 이렇게 TV 뉴스는 현실을 가공해서 사실을 전달한다. TV 뉴스의 수용자 즉 시청자는 그 뉴스를 접하며 현실을 판단한다.

표 5. 1분 20초에 담아야 하는 TV 뉴스의 시간적 제약

프로그램	KBS(뉴스 9)	MBC(뉴스데스크)	SBS(8시 뉴스)
기사당 평균 보도 시간(초)	77초	81초	88초

3. TV에선 무엇이 뉴스가 되나

TV 뉴스의 빼놓을 수 없는 소재는 새로 발생하는 사건 · 사고다. 여기에는 반복해서 일어나는 자살이나 인신매매 · 매춘 · 가난 · 교통사고 · 이혼 · 왕따 등도 들어간다. TV 등 미디어는 때로 이런 사건을 전파하고 확산시키는 전염병 같은 역할도 하게 된다.

인구 감소, 지방소멸 등 다소 거시적인 사회적 관심사도 뉴스의 주요한 주제가 될 수 있다. 연금 개혁 등 그 시대가 필요한 의제를 던지고 논의의 장을 만드는 Agenda Setting도 뉴스가 된다. 여기에 젊은 기자든 경력이 많은 기자든 기자가 관심을 두는 사안도 자연스럽게 뉴스의 소재가 된다. 비판적으로 보면 방송사의 사주(社主)가 던지는 지시나 제안도 뉴스로 만들어질 수 있다.

4. TV 뉴스의 뒷면

TV 뉴스는 영상을 중시하는 미디어의 특성상 이미지를 조작한다는 비판을 받기도 한다. TV는 신문과 달리 당장 시선을 끌어당기는 이미지를 만들어 시청률을 끌어올리는 데 골몰한다. 전국에서 국회의원을 뽑는 총선 선거방송의 경우 후보가 눈물을 흘리고 큰절을 하고 삼보일배에 재래시장 방문, 택시 탑승 등 방송은 새로운 이미지를 끌어내는 일에 분주하다. 그러면서 TV 뉴스는 자극적이고 선정적이고 때로는 엽기적인 소재를 찾게 된다.

5. TV 뉴스의 이미지 전쟁

TV 뉴스는 자극적인 이미지를 통해 화면은 왜곡되고 조작되며 사건은 확대된다. 남들보다 앞서려는 기자들의 취재와 영상 촬영 경쟁으로 개인의 인권은 뒷전으로 밀려난다. 초상권이나 프라이버시 등 개인의 권익은 침해되기 일쑤다. 오보나 과장보도에 따른 피해도 발생한다.

6. TV 뉴스, 얼마나 믿을 수 있나

TV 뉴스는 인간이 영상을 효과적으로 기억할 수 있는 용량인 1분 20초에 담아내야 하는 시간적 제약을 받는다. 그러면서 사건의 전모나 본질보다는 빙산의 일각을 보여 주고 끝이 난다. 결국 과정보다는 결과, 진실보다는 피상적인 외형을 전달한다.

TV 뉴스는 그래서 있는 그대로이기보다 감성을 자극하며, 객관적 관찰보다는 주관적 판단이 개입하기 쉽다. 뉴스는 내용보다 영상이 중심을 이룬다. 어떤 사실의 실체보다는 흥미 위주로 뉴스가 만들어진다.

7. TV 뉴스, 바로 보려면

영상 중심의 이러한 TV 뉴스의 한계를 시청자가 극복하는 방법은 무엇일까. 우선 시청자는 냉철한 관찰자의 위치에서 부분보다 전체를 생각하며 뉴스를 본다. 여기서 더 나아가면 어떤 게 사실일까 따져볼 수도 있다.

시청자는 또 뉴스를 보면서 이분법적이고 극단적인 판단을 배제할 필요가 있다. 득(得)과 실(實), 명(明)과 암(暗), 중간·중용·중도의 기준은 사람마다 다르게 마련이다. 디지털적 구분보다는 아날로그적 애매모호함이 나을 때도 있다. 절대적 진리란 없기 때문이다.

또 TV 뉴스는 몇 가지를 전제하고 접할 필요가 있다. 먼저 시간적 제약에 따라 배경 설명이 미흡하다는 걸 전제하고 본다. 연출과 과장이 있음을 전제할 필요도 있다. 언론의 속성도 전제해야 한다. 언론은 위기와 공포 분위기를 조성하고 때로는 무조건 비판하고 비난한다. 극적인 미화도 시도한다. 그러면서 상업적인 목적과 자사 이익을 추구하는 것이 언론이다.

이와 함께 TV 뉴스를 접하면서 언제든 오보가 있을 수 있다는 것도 전제할 필요가 있다. 오보에는 여러 단계가 있다. 정보원이나 취재원 자체의 오류에서 오보가 나올 수도 있고, 취재기자의 무지나 실수가 작용할 수 있다. 여기에 최근 문제가 심각해지는 권력이나 금력, 사욕 등을 염두에 둔 취재기자의 의도적이거나 악의적인 오도(誤導) 즉 이른바 가짜뉴스도 끼어들 수 있다.

8. TV 뉴스, 올바르게 자리매김하려면

8.1. 언론으로서의 기본자세

TV 뉴스는 오늘날 언론의 중요한 한 축을 이루고 있다. 따라서 TV 뉴스는 언론으로서 기본자세를 견지해야 한다. 최우선 의무는 말할 필요도 없이 진실 추구다. 그러면서 언론으로서 누구보다 시민을 섬겨야 한다. 언론의 진수는 엄격한 검증이다. 또 언론 종사자는 지속적으로 취재원으로부터 독립해야 한다. 그뿐만 아니라 언론은 독립적인 권력의 감시자로서 봉사해야 한다. 이와 함께 언론은 대중의 비판과 타협을 위해 공적인 토론장을 제공해야 한다. 또 언론은 사회적으로 의미 있는 일을 흥미롭게 전하려 노력해야 하며, 언론 종사자들은

그림 9. 포인터연구소는 민주주의와 언론 신뢰 회복 프로젝트를 주도하고
전파하는 글로벌 저널리즘 학교 및 연구기관이다

양심에 따라 스스로 행동하도록 허용되어야 한다.

8.2. 방송의 취재 수칙과 윤리

대표적인 공영방송인 영국의 BBC는 취재원을 2명 이상 복수로 확보할 것을 요구한다. 또 다른 언론사의 뉴스를 거의 그대로 쓰는 표절을 금하고, 인용할 때는 출처를 밝히도록 한다. 익명의 동영상을 무단으로 사용하는 것은 주의하도록 한다. 몰래카메라는 필요악과 같다. 알권리나 진실을 규명하기 위해 꼭 필요한 경우만 시도하도록 한다. 언론사는 저마다 이와 관련된 자체 기준을 마련하고 있다.

또 공공의 이익을 위해 꼭 필요한 경우를 제외하고는 공개적인 방법으로 취재하는 것을 원칙으로 하며 강제 취재, 답변 강요, 유도 신문 등을 해서는 안 된다. 이는 방송심의규정 21조에 나와 있다. 이와 함께 기자가 자신의 신분을 허

☐ 제21조(인권침해의 제한) ① 방송은 사회고발성 내용을 다룰 때에는 부당하게 인권 등을 침해하지 않도록 하여야 한다.
　② 방송은 심신장애인 또는 사회적으로 소외받는 사람을 다룰 때에는 특히 인권이 최대한 보호되도록 신중을 기하여야 한다.
　③ 방송은 정신적·신체적 차이를 조롱의 대상으로 취급하여서는 아니되며, 부정적이거나 열등한 대상으로 다루어서는 아니된다.
　④ 방송은 공공의 이익을 위해 반드시 필요한 경우를 제외하고는 공개적인 방법으로 취재하는 것을 원칙으로 하며, 강제취재·답변강요·유도신문 등을 하여서는 아니된다.

☐ 제22조(공개금지) ① 방송은 범죄사건 관련자의 인적사항 공개에 신중을 기하여야 하며 다음의 사항을 공개하여서는 아니된다.
　1. 피고인, 피의자 또는 혐의자가 청소년인 경우 이름, 주소, 얼굴, 기타 본인임을 알 수 있는 내용
　2. 성폭력범죄 피해자의 이름, 주소, 얼굴, 기타 본인임을 알 수 있는 내용
　3. 범죄사건에 직접 관계되지 않은 개인 또는 단체의 이름(명칭), 주소, 얼굴, 기타 본인(단체)임을 알 수 있는 내용
　4. 피고인, 피의자 또는 혐의자의 보호자 및 친·인척의 이름, 주소, 얼굴, 기타 본인임을 알 수 있는 내용
　② 방송은 범죄사건의 제보자, 신고자, 고소인, 고발인, 참고인 및 증인 등의 이름, 주소, 얼굴 등 본인임을 알 수 있는 내용을 본인의 동의없이 다루어서는 아니된다.
　③ 제1항제3호와 제2항에 해당되는 경우라도 그 내용이 공공의 이익을 위해 필요하다고 인정될 때에는 예외로 한다.

☐ 제23조(범죄사건 보도 등) ① 방송은 피고인 또는 피의자에 대해 법원의 확정판결이 있기까지는 범인으로 단정하는 표현을 하여서는 아니된다.
　② 방송은 형의 집행이 종료되거나 시효가 만료된 범죄사건을 다룰 때에는 당사자의 사회활동에 지장을 주지 않도록 유의하여야 한다.
　③ 방송은 피고인 또는 피의자에 대하여 보도할 때에는 수갑 등에 묶이거나 수의복 등을 입은 상태를 정면으로 근접촬영한 장면 등을 통해 피고인 또는 피의자의 인격을 지나치게 침해하지 않도록 유의하여야 한다.
　④ 방송은 피고인·피의자·범죄혐의자에 관한 내용을 다룰 때에는 범죄행위가 과장되거나 정당화되지 않도록 유의하여야 한다.

그림 10. 방송심의 규정 제21조 4항은 '공개 취재 원칙'을 명시하고 있다

위로 제시하는 행동은 공익적 보도를 위해 불가피한 경우가 아니면 자제해야 한다. 위장 취재 이외 다른 접근 방법이 없을 때 최후 수단으로만 가능하다. 경찰이나 단속 공무원의 요청을 받고 범죄 현장을 은밀하게 동행 취재할 때 방송사에는 사법적 권한이 없음을 인식할 필요도 있다.

BBC는 관련 지침을 분명히 정해 두고 있다. 방송 목적으로 촬영을 하고 있다고 분명히 알리라고 한다. 사적 영역은 점유자의 동의를 구하게 한다. 그러나 쇼핑몰이나 기차역 또는 공항은 사전 승인을 거칠 필요가 없다. 공익적인 목적이 명백하지 않은 한 동의를 얻지 못하면 현장에서 즉각 철수하라는 등이다.

방송 인터뷰는 사전에 섭외하고 방송을 허락한 때 진행한다. 기습 인터뷰는 제한적으로 시도한다. 인터뷰 대가는 공익보도의 경우 일절 금전을 지불하지 않는다. 위협·공갈 등 강압적 인터뷰는 금한다. 인터뷰에서 신변안전이 필요하면 익명으로 처리한다. 시간적 제약과 긴급성 때문에 전화 녹음을 할 때는 상대에게 녹음과 방송 사실을 공지하고 허락을 받는다.

도청(盜聽)은 금지한다. 공익적 목적이 있더라도 기자가 직접 도청을 시도해서는 안 된다. 통신비밀보호법 제3조 '통신 및 대화 비밀 보호 조항'은 누구든 우편물의 검열, 전기통신의 감청 또는 통신 사실 확인 자료를 제공하거나 공개되지 아니한 타인 간 대화를 녹음 또는 청취하지 못하도록 규정하고 있다. 방송사가 제보자로부터 도청 자료를 입수해 보도할 경우 도청한 대화의 내용을 공개하거나 누설한 자에 해당할 수 있으므로 매우 신중해야 한다.

취재할 때 공무원을 사칭하거나 주거침입, 무단 서류 절취 등은 위법한 행위로 금지한다. 또 명예훼손의 적용 범위는 점점 넓어지고 있다. 손해배상액 역시 커지는 등 갈수록 언론자유보다 개인의 명예훼손 보호에 더 비중을 두고 있다.

이와 함께 방송은 초상권 · 성명권 · 음성권 등을 보호하기 위해 모자이크 처리와 음성변조를 한다.

법원은 "김모씨, OO시 공무원, A변호사 등과 같이 익명으로 처리했다 하더라도 전후 사정으로 누군지 알 수 있다면 언론에 의한 명예훼손"으로 판결했다. 또 "타인의 발언 일부를 발췌 인용 보도할 때는 발언 의도와 의미를 훼손해서는 안 된다"라는 판례가 있다.

8.3. 사생활 보호 원칙

방송 취재와 관련된 사생활 보호 원칙으로는 주거침입 금지를 유의할 필요가 있다. 사적인 편지나 통신 공개는 금한다. 여기에는 이메일도 포함된다.

또 초상권 보호를 위해 공적인 관심사나 중대한 공익상 필요를 제외하고 누구든 방송 촬영을 거절할 권리가 있다. 음성권도 보호한다. 상대의 동의를 얻지 않고 음성을 함부로 사용할 수 없다. 성명권도 보호한다. 피의자나 피해자의 이름은 공개를 금한다.

9. 방송 인터뷰

9.1. 방송 대면(對面) 인터뷰 이걸 유의하라

홍보 관계자가 방송의 인터뷰 요청을 받았을 때 유의할 점을 알아본다. 홍보 담당자는 먼저 해당 프로그램의 주 시청자나 청취자가 누구인지 파악해야 한다. 미리 프로그램을 보고 인터뷰 형식이나 스타일을 파악하는 것도 필요하다. 사전에 질문 내용도 파악한다.

인터뷰가 시작되면 도중에 기자나 진행자와 논쟁을 벌이는 것은 금해야 한다. 난처한 질문을 받을 때는 우물쭈물하지 말고 "당신은 어떻게 생각하십니까?" 등과 같이 역으로 물어 재치 있게 대처한다. 소리는 평상시 톤으로 품위 있는 어투를 구사하되 권위적이어서는 안 된다. 마이크에는 입을 너무 가까이 대지 말아야 한다. 시선은 진행자나 기자를 바라보고 카메라를 쳐다보지 말아야 한다.

또 녹화가 시작되기 전과 녹화가 끝난 뒤에도 카메라와 마이크가 항상 작동하고 있다고 생각해야 한다. 인터뷰 도중 메모지를 볼 때는 곁눈질하지 말고 떳떳하게 보는 것이 자연스럽다. 어떤 경우에도 감정적인 흥분은 금물이다. 말할 때는 손과 발, 몸동작에 주의해야 한다. 어투는 가능하면 표준말을 사용하고 외국어나 은어·속어 등은 금물이다. 인터뷰에 앞서 사전 연습은 많을수록 좋다.

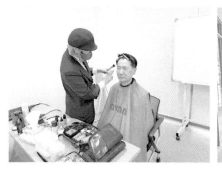

그림 11. tvN 인터뷰 사례. 먼저 분장하고 카메라와 조명을 설치한 뒤
카메라 테스트를 거쳐 인터뷰를 진행한다 (2021년 4월 14일, 대구한의대)

9.2. 방송 전화 취재 이렇게 대응하라

방송에서 전화로 취재 요청이 들어오면 먼저 창구를 단일화할 필요가 있다. 홍보 담당부서는 언제든 전화 취재가 들어올 수 있다는 걸 유념하고 항상 준비해야 한다. 취재기자의 전화는 다른 사람에게 이리저리 돌리지 않는 것이 좋다. 최대한 친절하고 성의 있게 안내해야 한다.

유의할 것은 취재기자의 전화는 건방지고 거만하다는 걸 전제할 필요가 있다. 기자들은 시간에 쫓기고 늘 바쁘기 때문이다. 또 기자는 항상 대우받을 것으로 생각한다. 기자는 대부분 감정적으로 다소 긴장한 상태에서 전화한다.

명심할 게 있다. 방송 기자의 전화 취재는 취재의 시작이자 최종 확인이 될 수 있다는 점이다. 전화는 일단 녹음된다고 생각해야 한다. 만약을 대비해 녹음 기능이 가능하다면 녹음할 필요가 있다.

9.3. 홍보 담당자의 방송사 전화 대응

홍보 담당자는 방송사 쪽에서 제일 먼저 전화해 온 담당자가 누구인지 신원을 철저히 확인할 필요가 있다. 이름과 담당부서, 직책, 전화번호, 담당 프로그램 이름 등을 알고 있어야 한다. 상대방의 질문은 천천히 여유 있게 충분히 들어 준다. 전화를 받은 홍보 담당자가 본인이 답변하기 힘든 사항은 확인 후 연락하겠다고 한 뒤 대응책을 논의한다. 다시 연락하겠다고 말했으면 반드시 약속을 지켜야 한다. "노코멘트(No comment)" "확인해 줄 수 없다" "모른다" 등의 답변은 가급적 피하는 게 좋다. 전화로 설명이 어려우면 직접 만나서 설명하는 것도 방법이다. 홍보 담당자는 어떤 질문이든 감정적으로 대응하지 않도록 한다. 또 절대로 거짓말을 해서도 안 된다.

10. 방송을 통한 홍보 성공 법칙

방송을 상대하면서 홍보 담당자가 기회를 살리는 몇 가지 포인트를 정리한다.

- 화면이 중요하다

TV 뉴스는 기사의 경중과 더불어 화면을 얼마나 뒷받침할 수 있느냐에 대한 부분
이 절대적으로 고려돼야 한다. 사회적으로 관심이 집중된 소재는 화면에 대한 고려
가 상대적으로 약해지지만, 기사의 가치가 모호할 때는 화면이 얼마나 신선하고 역
동적이냐에 따라 기사화가 결정될 수 있기 때문이다. 이때 영상만큼 음성도 중요
한 역할을 한다.

- 공익성을 내세우라

방송이 가장 크게 내세우는 명분 가운데 하나가 공공성이다. 그래서 방송 기자들은
특정 기업이나 상품을 홍보해 주는 아이템은 취재 전 선별해 홍보한다는 인상을 최
대한 줄이면서 뉴스화하기 위해 고민한다.

- 발품을 많이 팔라

보도자료를 전달해 담당 기자의 마음을 움직였다 해도 방송은 신문과 달리 촬영이
라는 중간과정이 수반되기 때문에 많은 준비가 필요하다. 따라서 신문보다는 좀 더
일찍 접촉하여 취재 목적에 대한 공감대를 형성하는 것이 필요하다.

– 방송은 팀 작업이다

일반적으로 뉴스 취재팀은 취재기자 · 촬영기자 · 촬영보조 · 운전기사 등 통상 4명 정도로 구성된다. 사소한 태도나 말투로 인해 팀 작업에 좋지 않은 분위기를 부른다면 이는 취재의 완성도를 낮추고 자칫 부정적인 결과를 낳을 수도 있다.

– 카메라를 모욕하지 말라

카메라는 촬영기자의 자존심이자 생명처럼 소중한 것이다. 행동이나 말로 카메라를 장난감 취급하거나 함부로 손대는 것은 촬영기자의 자존심을 건드리는 것이 된다.

7장

신문… 세상의 트렌드를
읽는 나침반

1. 신문의 이해

종이 신문을 잘 보지 않는 시대다. 새로운 정보를 담는 그릇이 종이 신문에서 인터넷, 나아가 스마트폰으로 옮겨가고 있기 때문이다. 그러나 새로운 정보를 찾아내고 가공하는 능력은 신문사에 몸담은 기자들을 따라갈 집단이 여전히 없다. 신문기자는 정보를 찾아내고 가공하는 훈련된 전문가들이다. 스마트폰에 올라오는 정보의 상당수도 이들 신문기자가 만들어낸 것이다. 정보를 담는 그릇이 시대에 따라 바뀌고 있을 뿐이다.

신문에 관련 기사가 실리면 사람들은 '매스컴을 탔다'라고 흔히 표현한다. 이 말에는 비아냥과 부러움이 섞여 있다. 신문은 우리가 세계를 이해하는 통로지만 특정 신문의 보도 행태에 함몰돼 편향적인 시각을 가질 수도 있다. 특정 신문을 오래 구독하면 그 신문의 논조에 물들어 특정 신문이 대변하는 논지에 함몰되는 문제도 생겨난다. 신문이란 무엇인가?

1.1. 신문의 속성

신문은 라디오나 TV에 비해 정보량을 많이 취급하는 이점이 있다. 그렇다고 신문을 처음부터 끝까지 다 읽을 수도 없고 다 읽을 필요도 없다. 눈으로 훑어보고 관심이 없으면 그냥 넘기면 되는 미디어다.

단점도 있다. 인터넷이나 라디오, TV에 비하면 속보성이 뒤떨어진다. 또 라디오나 TV는 귀와 눈만 뜨면 접할 수 있는 미디어지만 신문은 반드시 문자 해독력이 전제되는 지적인 미디어다. 따라서 문맹률이 높은 나라는 신문 산업이 발달할 수 없다. 배포 속도도 다른 미디어에 비해 느리다.

이러한 신문은 제작에 거대한 조직과 재정을 필요로 한다. 거대 조직의 구성원인 기자는 자칫 거대한 톱니바퀴에 얽매인 톱니에 지나지 않아 개별 저널리스트의 자유 의지가 구현되지 못할 수 있다. 신문사의 규범에 눌려 자유언론을 펴지 못하는 신문사의 이른바 내적 통제이다. 신문은 많은 인력과 인쇄시설 등을 요구한다. 신문 사업은 누구나 뛰어들 수 있지만 자본력이 없으면 쉽게 다가설 수 없는 분야이기도 하다.

1.2. 신문의 종류

신문은 분류 기준에 따라 다양하다. 배포하는 범위를 기준으로 분류하면 신문은 중앙지와 지역지 등으로 나뉜다. 또 주 독자층에 따라 대중지와 고급지로 구분한다. 미국의 뉴욕 시사 주간지 〈타임〉은 고급지지만 〈US Today〉는 대중지다. 한국에는 고급지 없이 대중지만 있다. 신문은 다루는 내용에 따라 다시 종합지와 전문지로도 구분한다. 〈중앙일보〉는 종합지며, 〈매일경제〉는 전문지다.

1.3. 신문의 내용

신문에 실리는 내용은 크게 뉴스·피처·광고로 나뉜다. 뉴스는 사건을 가공하여 독자에게 알리는 정보다. 뉴스는 있는 사실(fact)에 기자의 의견이나 해설은 덧붙이지 않는다. 이에 비해 피처는 기획 또는 특집 등을 가리킨다.

1.4. 신문에 실리는 기사

신문에 실리는 뉴스는 사실과 보도, 수용자를 전제한다. 개인끼리 주고받는 편지 속에도 사실이 들어갈 수 있으나 그걸 뉴스로 부르지는 않는다. 다수의 수용자에게 공개되는 보도가 아니기 때문이다.

특정 사실이 뉴스가 되기 위해서는 그날 있었던 사실들끼리 격심한 각축전을 벌이게 된다. 신문 한 귀퉁이에 실리는 단 한 줄의 기사도 그것은 심한 경쟁을 통해 살아남은 사실(fact)이자 사건이라 할 수 있다.

1.5. 신문 기사의 구조

일반적으로 기사는 뉴스 즉 보도 기사와 의견 기사로 크게 나눈다. 의견 기사는 사실에 의견을 곁들이는 기사다. 사설이나 해설 기사가 여기에 해당한다. 보도 기사는 이른바 뉴스를 말한다. 뉴스는 대체로 헤드라인(Headline)·리드(Lead)·본문으로 구성된다.

기사는 헤드라인·리드·본문을 어떻게 배치하여 쓰느냐에 따라 역삼각형·정삼각형·혼합형 기사로 나눈다. 역삼각형(역피라미드) 기사는 기사의 머리 부분에 사건을 압축하여 쓰고, 이어서 보충 사항과 세부 사항을 그 뒤에

받치는 기사 작성법이다. 이런 기사 작성법은 기사를 구성하는 중요 부분은 앞에 배치하여 게재할 지면이 부족할 때 중요 사항이 잘려 나가는 것을 막기 위해 고안된 기사 작성법이다. AP통신이 처음으로 개발한 기사 작성법으로 알려져 있다.

정삼각형 기사 작성법은 논리적인 순서에 따라 서론 · 본론 · 결론 순으로 엮는 기사다. 사설이나 칼럼처럼 제한된 기사량에 맞추어 쓰는 기사다. 혼합형은 중요한 요소를 먼저 쓰고 그 뒤를 이어 사건의 전개 과정을 풀어 쓰는 경우이다.

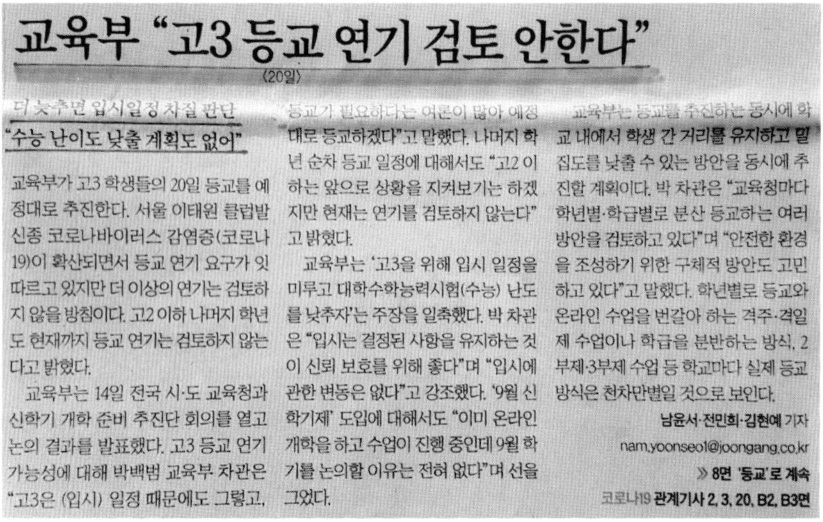

교육부 "고3 등교 연기 검토 안한다"

〈20일〉

더 늦추면 입시일정 차질 판단

"수능 난이도 낮출 계획도 없어"

교육부가 고3 학생들의 20일 등교를 예정대로 추진한다. 서울 이태원 클럽발 신종 코로나바이러스 감염증(코로나19)이 확산되면서 등교 연기 요구가 잇따르고 있지만 더 이상의 연기는 검토하지 않을 방침이다. 고2 이하 나머지 학년도 현재까지 등교 연기는 검토하지 않는다고 밝혔다.

교육부는 14일 전국 시·도 교육청과 신학기 개학 준비 추진단 회의를 열고 논의 결과를 발표했다. 고3 등교 연기 가능성에 대해 박백범 교육부 차관은 "고3은 (입시) 일정 때문에도 그렇고, 등교가 필요하다는 여론이 많아 예정대로 등교하겠다"고 말했다. 나머지 학년 순차 등교 일정에 대해서도 "고2 이하는 앞으로 상황을 지켜보기는 하겠지만 현재는 연기를 검토하지 않는다"고 밝혔다.

교육부는 '고3을 위해 입시 일정을 미루고 대학수학능력시험(수능) 난도를 낮추자'는 주장을 일축했다. 박 차관은 "입시는 결정된 사항을 유지하는 것이 신뢰 보호를 위해 좋다"며 "입시에 관한 변동은 없다"고 강조했다. '9월 신학기제' 도입에 대해서도 "이미 온라인 개학을 하고 수업이 진행 중인데 9월 학기를 논의할 이유는 전혀 없다"며 선을 그었다.

교육부는 등교를 추진하는 동시에 학교 내에서 학생 간 거리를 유지하고 밀집도를 낮출 수 있는 방안을 동시에 추진할 계획이다. 박 차관은 "교육청마다 학년별·학급별로 분산 등교하는 여러 방안을 검토하고 있다"며 "안전한 환경을 조성하기 위한 구체적 방안도 고민하고 있다"고 말했다. 학년별로 등교와 온라인 수업을 번갈아 하는 격주·격일제 수업이나 학급을 분반하는 방식, 2부제·3부제 수업 등 학교마다 실제 등교 방식은 천차만별일 것으로 보인다.

남윤서·전민희·김현예 기자

nam.yoonseo1@joongang.co.kr

≫ 8면 '등교'로 계속

코로나19 관계기사 2, 3, 20, B2, B3면

그림 12. 보도기사의 구조, 헤드라인+리드+본문(전형적인 역삼각형 구도) (중앙일보 2020년 5월 15일 1면)

1.6. 취재 시스템

신문사는 효과적인 취재를 위해 고정 배치 방식과 자유 배치 방식을 병용한다. 고정된 취재 영역을 설정하여 담당 기자를 배치하는 방식을 출입처 제도라

한다. 청와대, 정부 주요 부처, 지방자치단체, 국회, 정당, 경제 단체, 대기업, 대학, 사회단체 등을 대상으로 삼아 취재하는 방식이다.

이에 비해 고정 출입처 없이 사건을 찾아 자유롭게 활동하는 기자도 있다. 편집국의 기획취재팀이나 특집부 등이다. 중요한 특정 사안이나 복잡다단한 사회 현상을 취재할 때는 한 사람의 힘으로는 역부족일 때가 많다. 이럴 때는 신문사가 주제에 따라 심층취재를 위한 방법으로 팀플레이를 하는 특별취재팀을 구성하기도 한다.

2. 정부와 신문

한 나라에 존재하는 신문은 그 나라의 정치 체제와 밀접한 관계를 맺는다. 미디어와 정부의 관계는 정치 체제에 따라 극명하게 드러난다. 언론학자들은 16세기 이후 정부와 신문의 관계를 자유와 통제라는 측면에서 규명했다.

2.1. 권위주의 이론

권위주의자들은 다수 국민을 소수 지배 권력에 순응하도록 길들이는 것이 미디어의 임무라고 생각한다. 따라서 신문 발행 허가제, 사전 검열, 신문 발행 권리의 임의적인 변경, 정부 비판에 대한 무자비한 탄압 등을 정당화한다.

2.2. 자유주의 이론

자유주의는 권위주의의 반대편에 있다. 자유주의는 인간을 이성적이며 자기 의사 결정력을 지닌 존재로 본다. 여기서 정부는 개인을 위해 봉사하는 존재이며 거짓으로부터 진실을 분리하고 구별하기 위해 보통 시민이 관련 문제를 여과 없이 보고 들을 권리를 지녀야 한다고 믿는다.

사상의 표현을 억제하는 정부는 시민의 자유를 억누르는 것이므로 정부는 신문을 간섭하지 않는 것이 최상의 역할이라고 생각한다. 다시 말해 정부는 신문을 통제하지 말아야 하며, 정치권력으로부터 절대적으로 자유로워야 한다는 이론이다.

※ 세계 언론자유 지수

- '국경없는 기자회'가 2002년부터 매년 발표
- 180개 국가 대상으로 언론자유 수준
- 2022년 1위는 노르웨이

표 6. 세계 언론자유 지수

연도	한국	일본	중국	북한
2006년	31	51	163	168
2022년	43	71	175	180

2.3. 공산주의 이론

공산주의 체제는 권위주의의 틀을 약간 수정한 데 불과하다. 신문을 포함한 모든 미디어는 국가를 대표하는 사람이 소유한다. 국가가 미디어를 소유하는 목적은 마르크스주의를 지지하며 공산당을 통해 구현되는 국가 목표를 달성하기 위해 언론은 존재한다고 본다.

그러나 1980년대 말 러시아와 동유럽 붕괴는 그 나라 국민이 미디어에 보내는 신뢰가 무너졌다는 걸 단적으로 보여 주었다. 이들 나라 시청자들은 독일 통일 이전 서독 방송이나 위성 방송을 통해 서방의 TV를 지켜보았다. 그리고 비디오로 할리우드 영화를 감상했다.[16]

3. 신문의 사회적 기능

3.1. 정보 제공 기능

정보 제공은 신문이 수행하는 기능 가운데 가장 먼저 언급되는 기능이다. 집에서 조간신문을 받아보는 독자들은 아침에 눈을 뜨면 신문을 들고 화장실에 앉는다. 밤사이 무슨 일이 일어났는지 궁금증을 해소하기 위해서다. 많은 기사가 독자에게는 유용한 정보가 된다. 새로 가구를 장만하려는 주부는 신제품 소개 기사에서 눈을 떼지 못한다.

신문은 그날의 정치·경제·사회·문화 등 다양한 분야의 정보를 제공한다. 현실의 다양한 모습과 주요 인사의 동정을 뉴스로 만들어 독자 앞에 들이민다. 태풍 소식은 낚시꾼이나 여행사에 민감한 정보가 되며, 국회가 국방비 증액을 승인했다는 보도는 군수산업을 뜨겁게 달군다.

3.2. 지도적 기능

신문은 독자의 사실 이해를 바탕으로 사안에 대응하는 방법을 제시한다. 일종의 해석과 처방 기능이다. 태풍이 제주도에 상륙하면 신문은 태풍의 예상 진로와 피해 범위를 예측하고 적절한 대피 요령을 해설 기사 등을 통해 내놓는다. 독자는 그 기사를 읽고 대비책을 세울 수 있다. 낡은 지붕을 손질하거나 간판이 허술한지 살펴보고 가족 나들이도 조정할 것이다.

3.3. 오락 기능

신문은 즐거움도 선사한다. 태풍이 휩쓸고 간 뒤 파헤쳐진 고분에서 벽화가 발견되면 자연이 던져 준 기적에 독자는 미소를 지을 것이다. 자연의 위력은 때로 예상치 못한 드라마를 만든다. 또 독자는 신문의 스포츠, 연예 기사 등을 통해 즐거움을 얻는다. 오락 기능이다.

3.4. 광고 기능

신문사의 수입은 크게 구독료와 광고료, 부대 사업비로 이루어진다. 이 가운데 광고료는 신문사의 절대적인 비중을 차지하는 재원이다. 신문사가 광고 유치를 위해 치열한 경쟁을 벌이는 것도 이 때문이다. 온라인으로 신문 광고 시장이 갈수록 위축되고 있지만 광고가 신문사 수입에서 차지하는 비중은 여전히 적지 않다. 역으로 독자는 신문 광고 덕분에 싼값으로 신문을 구독하게 된다. 물론 광고료는 상품에 전가돼 결과적으로는 소비자가 광고료를 부담하게 된다.

재화와 관련해 자본주의의 두 축은 자유로운 생산과 소비다. 광고는 소비를 촉진하는 자본주의의 꽃이다. 광고는 신제품을 널리 알려 소비자의 선택을 돕고 기업은 대량 소비를 촉진함으로써 이윤을 극대화하는 중요한 메커니즘이다.[17]

4. 미디어가 일으키는 사회 변화

이니스(Harold Adams Innis)는 커뮤니케이션 미디어가 사회 변화를 일으키는 원천이라는 기술 결정론을 제기했다. Innis는 인쇄술의 도입이 중세 기독교의 구어(口語) 문화 중심 윤리학을 공격하여 문어(文語) 문화와 과학 기술 중심의 세속적인 권위를 신장시켰다고 주장했다. 구어 전통이 무너지면서 권위의 원천이었던 중세 기독교가 해체돼 국가 형태로 바뀌었다는 것이다. Innis의 견해는 거시적으로 보면 커뮤니케이션 기술이 사회 조직에 영향을 주고 그것이 다시 문화에 영향을 미친다는 주장이다.

맥루한(Herbert Marshall Mcluhan)은 Innis의 견해를 구체화해 사회 변화의 동인(動因)을 커뮤니케이션 기술에서 찾았다. Mcluhan은 인류 역사를 3단계로 구분해 부족국가 시대는 구전(口傳) 중심 사회였으나 구텐베르크 시대에 이르면 인쇄 언어에 의한 개인주의 · 민족주의 태동을 촉진시킨다. 이어 제3단계인 20세기 전기에 이르면 라디오 · TV 등 전자 매체의 발전에 따라 세계는 하나의 지구촌(a global village)으로 변모했다고 주장한다.[18]

5. 신문의 유용성

신문을 읽는 것은 얼마나 유용할까. 윤일현 시인의 이야기를 들어본다. 케네디가 졸업한 사립 명문 초트스쿨 교장은 케네디의 독자적 관점과 기지 넘치는 표현은 〈뉴욕타임스〉에 기인한다고 말한다. 케네디의 어머니는 식사 시간 자녀들에게 〈뉴욕타임스〉 기사를 읽고 토론하게 했다. 초트스쿨에 다닐 때 다른 학생들은 하지 않았지만 케네디는 〈뉴욕타임스〉를 구독해서 읽었다. 그 덕분에 그는 시사에 정통한 학생이 되었다. 교장 선생님은 "케네디가 언뜻 보기에도 교과서는 뒷전인 게 분명한데 세상사에 관한 소식은 자기 학년에서 둘째가라면 서러워할 학생이었다"라고 말했다. 케네디는 〈뉴욕타임스〉에서 처칠의 글을 접하고는 그의 저작에 빠져들게 되었고, 그를 삶의 모델로 삼았다.

기업의 최고 경영자, 정치인, 다양한 일에 종사하는 리더들에게 신문 읽기는 성공을 위한 필수 조건이다. 성공한 여성의 전형으로 간주되는 힐러리 클린턴 역시 고교 시절부터 습관적으로 신문을 읽었다. 신문을 정독하면 사람의 움직임과 사회 흐름과 추세, 그 변화의 방향을 가늠할 수 있다. 신문 사설과 다양한 칼럼은 문장력과 어휘력 향상에도 크게 도움이 된다. 어릴 때부터 신문 읽기를 생활화하면 어떤 일에 종사하든 남다른 경쟁력을 가질 수 있다. 다양한 기사와 기획특집, 오피니언과 사설까지 통독하고 스크랩하는 습관을 붙이면 그렇지 않은 경우보다 인생에서 성공할 확률은 훨씬 높아질 수 있다.

6. 홍보 담당자의 트렌드 따라잡기

신문은 홍보 담당자들에게 중요한 미디어다. 물론 지금은 과거보다 미디어 종류가 다양해졌지만 신문은 여전히 중요한 위치를 차지한다. 신문은 최근 들어 논평보다 사실 위주 보도에 무게를 두고 있으며 특히 사회적인 트렌드를 잡아내는 데 공을 들인다. 홍보 담당자는 관련 분야 트렌드를 읽고 따라잡는 능력이 매우 중요하다. 따라서 트렌드를 바탕으로 새로운 관점의 보도자료를 작성해 신문사에 보내면 기사로 보도될 확률이 아주 높다. 신문은 트렌드의 변화에 관심이 많기 때문에 그런 점을 짚어 주는 홍보 담당자를 반길 수밖에 없다.

6.1. 홍보 담당자의 신문 활용 전략

– 기자에게 아이디어를 던지라

신문사가 새로운 기획 연재물을 준비할 때 기자에게 아이디어를 던져 주라. 그리고 그 아이디어에 대한 자료를 제공한다면 뜻밖의 홍보 효과를 거둘 수 있다. 2005년 초, 국내에서 곱셈 13단에 대한 관심이 높아지자 관련 업계는 한 신문사와 곱셈 13단의 원조로 알려진 인도를 찾아가 취재, 보도한 적이 있다. 이를 계기로 국내 교육 산업에 커다란 붐을 일으키는 효과를 거두었다.

– 기념일을 찾으라

국경일과 법정 기념일, 명절, 졸업과 입학시즌 등 축하하고 기념하는 날을 활용해 특별한 메시지를 만든다면 홍보에 성과를 거둘 수 있다. 명심할 것은 홍보 담당자는 누구나 이런 기법을 활용하며 기념일엔 유사한 소재가 집중되는 만큼 차별화가 필수다.

- 공익 캠페인

언론은 공공재이기 때문에 공익 캠페인에 관심이 많다. '쓰레기를 줄입시다' '푸른 우리나라' '1사1촌(1社1村) 운동' 같은 것들이 이에 해당한다. 캠페인은 후원 비용을 수반하지만 비용 이상의 홍보 효과를 얻을 수 있다.

- 시상 제도

언론사는 다양한 시상제도를 두고 있다. 기존의 시상제도를 적절히 활용하거나 아직 개발되지 않은 시상제도를 제안해 보는 것도 좋은 홍보 전략이 될 수 있다.

- 설문조사

설문조사는 언론사의 보도를 유도하는 좋은 방법이 될 수 있다. '여성의 날'을 앞두고 여성과 관련된 설문을 관련 연구소 등과 공동으로 실시해 뉴스가 될 만한 결과를 끌어내면 보도될 가능성이 높아질 것이다.[19]

6.2. 사진 자료를 제공할 때 유의할 점

사진이 글만큼 중요한 시대다. 홍보 담당자가 제공하는 사진이 신문에 실린다면 한 장 정도일 것이다. 그런 만큼 사진 하나에 회사 이미지와 주제가 압축되는 사진을 선택해야 한다.

중요한 행사 사진은 가능하면 전직 사진기자 출신 등 보도사진 전문가에게 외주를 의뢰한다. 제공하는 사진은 어둡고 칙칙한 색을 피하고 밝고 화려한 색상의 사진을 선택한다. 계절에 맞는 사진인지도 점검할 필요가 있다. 또 사진을 보낼 때는 정확한 사진 설명을 붙여야 한다.

행사에 사진기자를 초청할 때는 신문의 기사 마감 시간을 고려해 가능하면 오전 11시쯤 행사 시간을 설정한다. 행사 참가자는 밝은 계통의 옷을 입고 이미지 효과가 있는 소품·캐릭터 등을 준비한다. 또 남보다 하루 먼저 행사를 마련해야 관심을 끌어낼 수 있을 것이다. 사진기자에게 취재를 요청할 때는 신문사 사진부에 별도의 보도자료도 보내는 것이 좋다.

8장

잡지… 영향력 있는
마니아의 사교장

잡지(雜誌, Magazine)는 4대 매체의 하나로 정기적으로 발간되는 책자 형태의 인쇄매체를 말한다. 잡지의 가장 큰 매력은 영향력이 있는 마니아층을 선택해 커뮤니케이션을 할 수 있다는 점이다. 잡지는 성별과 연령 · 학력 · 직업 · 취미 등에 따른 특정 콘텐츠를 담아 정기적으로 발행되므로 세분화된 특정 계층에 효과적으로 다가갈 수 있다.

1. 잡지의 종류

잡지는 발행주기에 따라 주간지 · 월간지 · 격월간지 · 계간지 · 연감 등이 있다. 또 같은 제호를 사용하면서 부정기적으로 나오는 MOOK(Magazine+Book)도 있다. 발행주기가 짧을수록 정해진 시기에 맞는 정보의 커뮤니케이션이 용이하다. 반면 발행주기가 길면 메시지 전달이 쉽고 보존기간이 길다는 장점이 있다.

내용에 따라서는 정치 · 경제 · 사회 · 문화 등을 종합적으로 다루는 시사지(時事誌), 여성지, 패션 · 뷰티지, 음악 · 미술 · 연극 · 영화 잡지, 종교 잡지, 골프 · 등산 등 스포츠 잡지, 자동차, 어학공부 잡지 등 다양하다.

또 배포 목적과 가격에 따라 돈을 벌 목적으로 발행되는 유가지(有價誌)와 특정 계층과 소통을 목적으로 무료로 나눠 주는 사보 등 무가지(無價誌)로 나눌 수 있다.

역사와 권위를 자랑하는 세계의 유명잡지 몇 가지를 살펴보자. 이들만 봐도 잡지의 영향력을 짐작할 수 있을 것이다.

- **〈Billboard〉**

1899년 미국에서 탄생한 월간지다. 슬로건은 '무대에 관계된 새로운 빛나는 흥미로운 모든 것에 관한 월간 요약'이다. 1960년대 들어 음악으로 특화했다. 라디오에서 방송되는 톱 곡의 리스트로 차트를 만든 'Billboard Hot 100' 등이 명성을 얻고 있다.

- **〈National Geographic〉**

1888년에 조직된 전미지리협회가 발행한다. 탐사와 탐험 프로젝트를 지원하고 각종 원정대를 스폰서한다. 발행부수는 전성기 때 1000만 부를 넘어섰다. 미국인은 이사를 해도 〈성서〉와 〈내셔널 지오그래픽〉은 버리지 않는다는 말이 있을 정도로 사랑을 받는다.

- **〈Nature〉**

1869년 창간된 과학 잡지다. 새로운 연구 성과들이 발표된다. 이 잡지에 연구 결과가 실리는 것이 과학자들의 꿈이다.

- **〈Der Spiegel〉**

독일의 진보적인 시사 잡지다. 슈피겔은 '거울'이라는 뜻이다. 독일의 〈Time〉으로 통한다.

- **〈文藝春秋〉**

1923년에 창간된 일본의 국민 잡지다. 1974년 11월호는 다나카 수상의 부정을 폭로해 그를 퇴진시키기도 했다.

- **〈Marie Claire〉**

1937년 창간된 프랑스 여성지다. 여성의 사회적 역할 등을 조명한다.

2. 잡지 트렌드

한국 잡지의 종류와 발행부수는 꾸준히 증가하고 있다. 〈ELLE〉 등 해외 라이선스 잡지 발행도 늘어나는 추세다. 잡지의 내용이나 발행 형식 등이 세분화 · 전문화하고 있다. 앞에서 설명한 잡지 홍보의 장점 때문에 잡지의 형식을 빌리거나 전문 잡지사와 제휴하여 잡지의 성격을 갖춘 홍보 매거진을 기업이나 브랜드가 자체 발행하는 사례도 있다. KTX 고속열차에 비치하는 코레일 잡지 등이 대표적이다. 뷰티 · 홈쇼핑 업체들은 고객 전용 매거진을 발간해 트렌드 소개와 신상품 정보를 콘텐츠화한 기사를 넣어 구매 욕구를 자극하기도 한다.

그림 13. 프랑스의 대표적인 여성 잡지 〈ELLE〉 표지. ELLE는 '그녀'라는 뜻이다

〈ELLE〉는 ELLE INTERNATIONAL BEAUTY AWARDS를 운영한다. 〈엘르〉 인터내셔널 & 코리아 뷰티 어워즈는 〈엘르〉가 발행되는 전 세계 42개국의

뷰티 에디터들과 150여 명의 국내 뷰티 전문가들, 2000여 명의 소비자들이 직접 설문조사를 통해 매년 그해의 화장품을 선정한다. 해마다 〈엘르〉 1월호 지면과 공식 디지털 플랫폼을 통해 어워즈 수상 제품을 공개한다. 여기에는 스킨 케어와 메이크업, 헤어&보디 케어, 향수 그리고 환경을 생각하는 그린 코스메틱 부문까지 망라되고 있다.

3. 잡지에 기사를 실으려면

잡지는 홍보할 때 가장 주의할 점이 타이밍이다. 신문에 비해 제작 기간이 길다. 그래서 기사가 지면에 실려 일반 독자에게 읽히는 시점이 되면 해당 제품이나 스타일이 유행에서 지나가 버릴 수도 있다. 따라서 잡지 홍보를 계획한다면 한발 앞서 트렌드를 예측하고 소개하는 데 중점을 두어야 한다.

잡지 발간 시점에 맞는 시의적절한 아이템을 정했다면 다음에는 독자의 성향, 매체의 특성 등을 파악한 뒤 계획을 수립하고 제공할 자료를 준비한다. 잡지는 일반적으로 생활밀착형 정보를 다루어 독자와 커뮤니케이션 효율이 높은 편이므로 독자층의 라이프 스타일에 기초한 자료를 만든다. 연예인이나 유명인사, 얼리어답터(Early Adopter, 일찍 도입하는 사람)가 사용하는 제품이나 그들의 스타일을 활용한 기사 작성도 주목도를 높이는 방법이다. 또 잡지는 시각적인 요소가 강하기 때문에 사진자료나 생각하는 참신한 레이아웃이 있다면 편집진에 전하는 것도 좋은 전략이 될 수 있다.

잡지 제작은 일반적으로 '기획, 취재 및 기사 작성, 편집 및 제작, 인쇄 등의 단계를 거친다. 홍보 담당자는 잡지 홍보 계획을 수립할 때 해당 잡지의 기획 및 취재 일정과 발행일을 사전에 파악하여 자료 제공에 타이밍을 놓치지 말아야 한다. 대체로 패션, 여성지의 경우 월간지는 전월 20일께 매체를 발행한다. 미술기자(디자이너)가 편집하고 인쇄에 들어가면 취재기자는 다음 호 기획회의를 하게 된다. 따라서 새로운 아이템 제안은 전월 발행 직후 이루어지는 것이 효과적이다.

4. 잡지 제휴 마케팅

Early Adopter는 잡지를 통해 신제품의 입소문 마케팅을 펼치는 경우가 많다. 매체를 통해 영향력 있는 소수 고객을 목표로 쌍방향 커뮤니케이션을 유도할 수 있다는 점에서 전략적인 마케팅이 될 수 있다.

그림 14. 잡지 제휴 마케팅 사례. 클로이 모레츠, SK-Ⅱ 프로젝트 ELLE 단독 공개 홍보

삼성전자는 미국 휴대폰 시장 공략을 강화하기 위해 세계적인 여성 패션잡지인 〈VOGUE〉와 전략적 제휴를 맺고 마케팅을 전개한 바 있다. 2004년 삼성전자는 〈VOGUE〉를 통해 뉴욕 출신의 유명 디자이너 다이앤 본 포스텐버그

가 직접 디자인한 아담하고 화려한 색채의 패션폰(모델명 SPH-A680)을 선보였다. 그 뒤 〈VOGUE〉 웹사이트인 스타일닷컴에서 한정 판매해 높은 반응을 얻은 적이 있다.[20]

4.1. Advertorial

Advertorial은 광고(Advertising)와 편집(Editorial)의 합성어다. '기사 형식의 광고'를 뜻하는 Advertorial은 광고주가 해당 지면을 구매하고 관련 업계의 권위자 혹은 전문 에디터를 위촉해 관련 내용을 작성하고 편집한다. 내용은 직접 회사 이름이나 제품명을 살짝 드러내며 관련 분야의 지식을 전달하기도 하고, 전혀 실체를 드러내지 않고 어떤 분야에 새로운 관심을 환기하는 것으로 끝내기도 한다.

4.2. 잡지 독자선물 프로모션

잡지 독자선물 이벤트는 Early Adopter에 대한 샘플링 효과는 물론 쌍방향 커뮤니케이션을 유도할 수 있는 방법이다. 매월 진행하는 독자선물 코너는 독자들이 신제품을 이용하게 한 뒤 독자 엽서나 온라인을 통해 사용 후기를 받을 수 있다. 이를 신제품에 대한 평가 등으로 기사와 연계하면 제품에 대한 신뢰도를 구축할 수 있다. 가끔 잡지 독자 선물의 경쟁이 치열해져 잡지보다 비싼 제품과 서비스를 독자 선물로 내거는 경우도 있다. 하지만 잡지 성격과 잘 부합하는 독자 선물을 기획해야만 잡지와 브랜드가 상생하여 더 좋은 브랜드 이미지를 만들 수 있다.

네덜란드 잡지 〈Ode〉는 1년 정기구독을 신청하면 독자의 이름으로 우간다에 한 그루의 나무를 심는다는 '환경'이라는 색다르고 특별한 사은품을 준비했다. 100% 재생용지로 제작된 이 잡지의 마음 씀씀이는 독자들에게 구독해야할 또 하나의 이유가 되었다. 이를 통해 미국에서 〈Ode〉는 2003년 첫 영문판 잡지를 발행하고 1년이 채 되기도 전에 독자들로부터 주목을 받을 수 있었다.[21]

그림 15. 잡지 〈Ode〉. Ode는 '헌시(獻詩)'라는 뜻이다

5. 광고

소비자들은 일상적으로 광고를 만난다. 즉 광고에 노출된다. 흔히 접하는 TV · 신문 등 대중매체는 물론 인터넷이나 길거리 입간판 등 광고는 곳곳에 있다. 아렌스(Arens)는 광고가 "다양한 매체를 통해 자신의 이름을 밝힌 스폰서의 제품에 관한 정보로서 통상적으로 유료이고 설득하는 속성을 지닌다"라고 정의했다. 광고는 정의에서처럼 스폰서가 비용을 지불하는 유료 메시지며, 설득 목적이 있고 매체를 통해 다수의 소비자를 대상으로 하는 커뮤니케이션이다. 광고는 가전제품 · 화장품 · 의류 등 유형의 재화나 금융, 의료 등 서비스뿐만 아니라 새로운 아이디어를 알리기 위해 개인이 아닌 다수의 소비자를 대상으로 미디어라는 채널을 활용한다는 점에서 그 파급 효과가 크다.

5.1. 상업 광고와 공익 광고

광고는 크게 상업적 이윤을 추구하는 상업 광고와 기부나 자발적 지원, 사회적 캠페인 등 소비자 행동의 변화를 위해 정부나 비영리단체가 주관하는 비상업 광고로 나눌 수 있다. 상업 광고는 광고주가 광고를 통해 수용자에게 제품이나 브랜드를 알리고 이를 통해 제품이나 브랜드에 대한 인지도를 높이며, 장기적으로 브랜드 애호도를 높이려 한다. 이런 거대 비용 광고 이외 지역 소비자를 대상으로 신문에 끼워 넣는 전단지 형식의 소액 광고도 있다.

비상업 광고는 상업 광고와 달리 영리를 목적으로 하지 않는 광고다. 비상업 광고는 광고주 대부분이 비영리단체이며, 캠페인 성격의 광고를 통해 공익적 이슈나 사회 문제, 정치적 쟁점 등에 대한 태도 등을 설득하려 한다. 대표적인 것이 공익 광고다. 정부나 공공기관이 주체가 돼 교통안전이나 건강 등 공익적 이슈를 주로 다룬다. 또 사회적 관심을 끌고 있는 이슈에 대해 특정 집단이나 단체가 주장을 싣는 의견 광고와 선거 캠페인에서 후보자들이 자신을 홍보하는 정치 광고도 여기에 넣을 수 있다.

그림 16. 1936년 일제강점기 베를린 올림픽 손기정 마라톤 우승 공익 광고

5.2. 광고의 기능

광고가 소비자에게 기여하는 가장 큰 기능 중 하나는 상품이나 서비스에 대한 정보를 제공해 준다는 것이다. 특히 제품의 기능이나 용도가 다양할 경우 광고를 통해 소비자에게 제품에 대한 올바른 정보나 사용법 등을 알려 줄 수 있으며, 새로운 제품이 시장에 나왔을 때도 광고를 통해 소비자에게 신상품에 대

한 정보를 알려 줄 수 있다.

광고는 마케팅 기능도 수행한다. 광고는 소비자에게 제품이 제공할 수 있는 효용 가치를 알림으로써 소비자의 제품 구매 욕구를 자극한다. 기업에서 보면 광고는 가장 효과적인 판매 촉진 활동의 하나이며 효율적인 마케팅 커뮤니케이션 수단이 된다. 광고는 특히 대인 채널이 아닌 대중매체를 통한 커뮤니케이션이기 때문에 광고 효과의 범위나 규모가 일반 커뮤니케이션에 비해 크고 막강하다. 이러한 광고 효과 때문에 기업은 큰 비용을 들여 상품이나 서비스를 광고하고 있다.

광고는 경제적으로도 중요한 역할을 한다. 광고를 통해 제품의 인지도가 높아지면 제품 판매량에도 영향을 미치게 돼 대량 판매가 가능해진다. 그 결과 제품의 대량 생산 체계가 가능해짐으로써 제품의 단위 생산 비용을 절감할 수 있게 된다. 즉 규모의 경제가 실현돼 광고를 통해 대량 생산이 가능해져 제품 생산 원가를 낮추고 궁극적으로 소비자에게 가격 부담을 덜어 줄 수 있다는 것이다. 한편 광고에 따른 비용이 제품 가격에 반영됨으로써 제품 가격이 인상되는 결과를 가져온다고 지적하는 시각도 있다. 그러나 제품 비용에서 광고비가 차지하는 비중은 그리 높지 않은 편이다. 광고는 또 소비자의 욕구와 필요를 바탕으로 한 그 시대의 욕망을 가장 빠르게 반영하는 메시지이기도 하다.

5.3. 인터넷 시대의 광고

시간과 공간의 제한을 뛰어넘는 인터넷의 보급과 디지털 기술을 활용한 모바일 매체의 등장으로 수용자의 매체 이용은 더욱 다양해지고 있다. 그에 따라 광고도 새로운 형태가 속속 등장하고 있다. 인터넷을 활용한 인터넷 광고의 유형으로는 자사의 다양한 정보를 담고 있는 웹 사이트, 웹 페이지에 부분적으로 깔리는 배너 광고, 배너와 유사한 버튼 광고 등 다양한 형태로 진화를 거듭하고 있다.

9장

SNS… 미디어 영토의 확장

페이스북(Facebook)·트위터(twitter) 등이 성장하면서 온라인에서 이용자들이 인적 네트워크를 형성하는 이른바 SNS(Social Network Service)가 미디어의 판도를 흔들고 있다. SNS는 신상 정보의 공개, 관계망의 구축과 공개, 의견이나 정보의 게시, 모바일 지원 등 저마다 다양한 능력을 자랑한다.

1. SNS의 개념

SNS에서 앞 글자 S는 Social의 머리글자다. Social은 흔히 '사회적'이란 말로 번역한다. 그렇게 전체를 번역하면 '사회적 관계망 서비스' 정도가 된다. 의미가 썩 와 닿지 않는다. 그래서 일부에선 Social을 '교호(交好)'로 번역하고 있다. 일본에서 건너온 번역인 듯하다. 우리에겐 생소하다. Social은 '사이 좋게 지낸다'는 뜻이다. 다시 말해 SNS는 월드와이드웹(www)에서 관심사가 비슷한 사람들이 서로 인적 네트워크를 형성해 소통할 수 있도록 해주는 서비스라 할 수 있다.

스마트폰이 대중화되면서 SNS는 폭발적으로 성장하고 있다. SNS의 역사는 아주 짧지만 등장한 서비스 종류가 많고 서비스 특징도 다양해 이것을 한마디로 정의하기란 쉽지 않다. 위키피디아는 SNS를 "관심이나 활동을 공유하는 사람들 사이의 교호적 관계망이나 교호적 관계를 구축하고 보여 주는 온라인 서비스 또는 플랫폼"으로 정의한다.

보이드와 엘리슨(Boyd & Ellison)은 SNS를 "개인들로 하여금 특정 시스템에 자신의 신상 정보를 공개 또는 준공개적으로 구축하게 하고, 그들이 연계된

다른 이용자의 목록을 제시해 주며, 다른 이용자의 연계망 리스트, 그리고 그 시스템의 다른 사람들이 관계하는 연계망 리스트를 둘러볼 수 있게 하는 웹 기반 서비스"라고 요약한다.

2. SNS의 특징

SNS 바람이 여전하다. 그것도 태풍급이다. 서점에서는 새로 출시된 스마트폰과 페이스북, 유튜브와 같은 SNS 소개와 활용법에 관한 책들이 베스트셀러 자리에 올라 있다. '스마트폰, SNS 따라잡기'라는 주제의 강연은 유행이 되고 있다.

1990년대 등장한 월드와이드웹 서비스는 SNS를 폭발적으로 성장시키는 토양이 되었다. SNS의 이용자 신상 정보 제공 기능은 1990년 후반 등장한다. SNS에서 가장 보편적으로 자리 잡은 기능이다. 2004년 서비스를 시작한 페이스북은 세계적인 SNS로 성장했다. 이런 과정을 통해 SNS는 이제 인터넷 서비스의 주류가 되었다. 또 SNS는 특정 국가에 국한된 현상이 아닌 지구촌의 보편적인 일상으로 자리 잡았다.

SNS는 서비스마다 독특한 기능과 특징을 지니고 있어 그 성격을 전체적으로 규정하기가 쉽지 않다. 하지만 SNS를 바라보는 몇 가지 관점은 정리할 수 있다. 첫째, SNS를 마케팅 도구로 보는 관점이다. 일반 기업은 물론 전통적인 미디어도 이런 기능 활용을 강조한다. 둘째, SNS를 컴퓨터 매개 커뮤니케이션으로 보는 관점으로 커뮤니케이션 연구의 전통에서 흔히 관찰할 수 있다. 이 관점은 SNS가 면대면 커뮤니케이션과 어떤 차별성 그리고 유사성이 있는지에 주목한다. 셋째, SNS를 권력관계 또는 영향력이 드러나거나 행사되는 장으로 보는 관점으로 정치학, 정치 커뮤니케이션 연구 등의 관점이다.

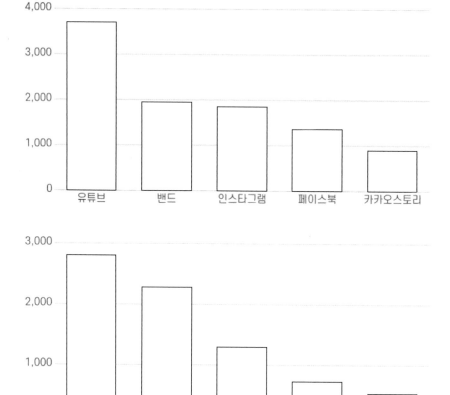

그림 17. (상) 국내 주요 SNS 플랫폼별 순방문자 수 (2021년 4월 기준, 단위: 만 명)
(하) 전 세계 주요 SNS 플랫폼별 순방문자 수 (2021년 4월 기준, 단위: 백만 명)
(DMC미디어 2021 소셜미디어 시장 및 현황 분석 보고서)

　SNS의 가장 대표적인 기능은 신상 정보의 등록 및 공개인데, 구체적으로 이용자의 성별, 연령, 직업, 문화적 취향, 이데올로기, 종교 등이 전부 또는 선택적으로 공시될 수 있다. 모두 민감한 정보들이기 때문에 프라이버시 보호와 관련해 사회적으로 많은 문제를 야기하기도 한다. 또 SNS의 본래 기능에서 보듯 대인 관계망과 그 구조가 드러난다는 것이다. 이용자는 자신과 연계하는 또 다른 이용자들을 드러내며, 단계를 거치면 다른 이용자의 네트워크 나아가 그 네트워크의 이용자가 지닌 네트워크 등으로 네트워크 범위를 확대할 수 있게 된다.

SNS는 자랑 심리에서 성장한다. 사람은 누구나 남들에게 잘 보이고 싶은 심리가 내재해 있다. 그것이 SNS에서 자기 자랑으로 표출된다. SNS에서 많이 볼 수 있는 사진이 음식, 관광지, 공연 사진 등이다. 자랑 심리 때문에 맛있는 음식과 차·음료·술 등을 먹고 마시기 전에 사진을 찍어 개인 페이스북이나 블로그에 올린다. 다른 사람은 사진을 보며 부러워하고 어떤 맛이며, 어디에 있는 식당인지 알고 싶어 한다. 좋은 관광지를 여행하거나 공연을 관람하거나 강연을 들을 때도 마찬가지다. 모두 은근히 자기 자랑이다. 그러면서 자신의 자랑 심리를 충족시킨다. 자신의 글에 '좋아요'가 클릭되면 만족감은 극에 달한다.

3. SNS 종류

3.1. 개방형

개방형 SNS는 누구나 내가 올린 사진이나 글을 볼 수 있고 다른 사람이 팔로잉(following)하는 것이 자유롭다. 하나씩 차례로 알아본다.

그림 18. 왼쪽부터 트위터, 페이스북, 인스타그램, 블로그, 유튜브

– 페이스북(Facebook)

자신의 일상을 공유하는 인맥 기반 반개방형 SNS다. 많은 회원 수를 확보하고 있다. 메시지 확산이 뛰어나 SNS 마케팅에 많이 사용하며, 정밀한 목표 설정이 가능해 마케팅에서 환영받는다. 그래서 개인보다 기업의 광고 매체로 사용되는 경향이 있다.

페이스북은 2004년 2월 19세의 하버드대학 학생 저커버그(Mark Zuckerberg)가 학교 기숙사에서 사이트를 개설했다. 개설 직후 모스코비츠(Dustin Moskovitz)와 휴스(Chris Hughes)가 동업자로 합류해 페이스북을 키워나갔다. 페이스북은 처음에는 하버드 학생들만 이용할 수 있는 내부 사이트였지만 그 뒤 예일 · 스탠포드 · MIT 등 대학생들이 이용하면서 명문 대학 인맥을 교류하는 사이트로 확장되었다. 이후 보스턴 · 아이비리그 · 노스이스턴 · UCLA 등 대부분 학교까지 전파되었고 2005년 9월 고등학생에게까지 개방했다. 2005년 말에는 미국 이외 캐나다 · 영국 · 프랑스 등 3000곳 이상 대학교와 3만 곳 이상 고등학교 학생들이 가입하게 되었다. 2006년에는 마침내 13세 이상 일반인에까지 개방돼 현재는 지구촌 수십억 회원을 확보하고 있다.

– 트위터(twitter)

속도가 경쟁력인 SNS로 초기 SNS 붐을 일으켰다. 간단히 소식을 알릴 때 적합하며, 정치적 의견이나 정보를 공유한다. 긴급 재난상황 등 긴박한 일이 있을 때 자주 활용된다.

트위터는 2006년 미국의 도시(Jack Dorsey) · 윌리엄스(Evan Williams) · 스톤(Biz Stone)이 공동으로 개발했다. twitter는 '작은 새가 지저귄다'라는 뜻이다. 이름 그대로 하고 싶은 이야기를 짧게 올리는 공간이다. 글자 수도 한 번에 최대 140자로 제한돼 있다.

– 블로그(Blog)

정보성 콘텐츠를 공유하는 넓은 범위의 SNS로, 네이버 검색이 유리해 네이버 노출을 위한 마케팅 채널로 많이 활용된다. 많은 양의 정보를 제공하기 좋고 돈독한 관계 형성이 가능하다.

3.2. 폐쇄형

아는 사람끼리만 정보나 소식을 공유하는 폐쇄형 SNS다. 허락받지 않은 사람은 그 그룹으로 들어갈 수 없는 형태다.

- **카카오톡(KakaoTalk)**

지인끼리 주고받는 폐쇄형 메신저로, 지인 간 대화지만 크게 보면 SNS의 범주로 볼 수 있다.

- **카카오스토리(KakaoStory)**

카카오톡 연락처로 연결된 사람들만 공유할 수 있는 폐쇄형 SNS로, 자신의 일상이나 자녀의 성장 과정 등을 담는 곳으로 활용된다. 30~50대 주부를 대상으로 제품을 판매하는 창구가 되기도 한다.

- **밴드(Band)**

밴드 리더가 허락한 사람만 참여할 수 있는 폐쇄형 SNS다. 가까운 사람들끼리 모임을 만들어 사용하기 좋은 SNS로 동창회, 가족 모임, 동호회 등에 많이 활용된다.

- **비트윈(Between)**

커플끼리만 사용하는 폐쇄형 SNS다. 사랑하는 연인이나 부부 등 특정 사람과 깊은 대화를 하고 싶을 때 유용하다.

3.3. 사진이나 동영상 공유

사진이나 동영상을 공유하여 개인 소식을 전하거나 마케팅 또는 개인 방송으로 활용한다.

- **유튜브(YouTube)**

자유롭게 동영상을 공유하며 다양한 콘텐츠가 방영된다. 요즘 지배력이 가장 강력한 SNS라 할 수 있다. 유튜브로 개인 방송을 내보내며 돈을 버는 크리에이터들이 증가하고 있다.

- 인스타그램(Instagram)

사진 전용 SNS로, 인맥에 기반한 반개방형이다. 인스타그램에서 유명한 스타를 '셀럽'이라 부르기도 한다. 페이스북에 인수된 뒤 사진 공유 SNS 분야를 석권하고 있다.

- 틱톡(TikTok)

15초~1분의 짧고 톡톡 튀는 재미있는 동영상 공유 SNS다. 10대들의 인기를 바탕으로 세력을 확장하고 있다.

3.4. 취미와 관심사

취미나 관심사가 같은 사람들이 끼리끼리 모인다.

- 텀블러(tumblr)

다양한 분야 중 자신이 고른 관심사에 흥미 있는 사람들끼리 모여 소통할 수 있다. 자신의 취향에 따라 SNS로 사용할 수 있다.

- 링크드인(Linkedin)

직장을 찾거나 비즈니스 성과를 홍보하기에 좋다. 자신의 이력과 정보를 업데이트하고 인맥을 만들어 기업이나 헤드헌터에게 제공할 수 있다.

3.5. 익명성

만든 사람도 글을 쓰는 사람도 이름을 알 수 없다. 익명성을 바탕으로 자유롭게 글을 쓰고 공유한다. 개인정보 유출에 대한 우려가 없어 편하게 이야기할 수 있다.

- 스냅챗(Snapchat)

미국 10~20대 사이에 유행하는 휘발성 메시지로 10초가 지나면 입력한 메시지가 사라진다.[22]

4. SNS 마케팅

SNS는 이제 사람들의 실생활에 없어서는 안 될 생활 수단으로 자리 잡았다. 전통적인 미디어 마케팅 활동을 펼쳐왔던 대기업은 SNS를 통한 마케팅으로 눈을 돌리고 있다. 2010년 우리나라 전통적 미디어의 총 광고비는 8조 원을 상회했다. 이에 비해 SNS를 통한 마케팅은 비용이 거의 들지 않고 소비자들과 쉽고 빠르게 만날 수 있는 장점을 지니고 있다. 이미 전 세계적으로 많은 기업이 SNS를 광고와 홍보 분야에서 활용하고 있다.

※ 효과적인 SNS 마케팅 글쓰기

- 내가 판매하고 제공하는 서비스는 내가 가장 잘 알아
- 대행업체 아닌 본인이 직접 글을 써야 효과
- SNS 이용하면서 매출 오르지 않는다면 글쓰기가 문제일 가능성 있어
- 마케팅 글쓰기 Tip

  ① 쉽게 써라

  ② 나만의 글을 써라

  ③ 짧게 써라

  ④ 진심과 경험을 담아라

  ⑤ 공감대를 형성하라

  ⑥ 잘난 척하지 마라

⑦ 고치고 또 고치라

대기업은 기존 전통적인 광고 홍보 채널에서 새로운 채널 확장을 위한 전략 또는 직원 및 고객과의 소통을 위해 SNS를 활용하고 있다. 또 중소기업은 마케팅 비용의 절감을 위한 전략과 고객에게 브랜드 인지도를 높이고 브랜드 친밀도를 높이는 수단으로 SNS를 애용하고 있다. 광고 홍보 분야에서 그동안 SNS를 활용해 성공한 사례를 표로 정리한다.

표 7. 광고 홍보 분야 업체별 SNS 활용 실태

업체명	활용 채널	SNS 활용 배경	SNS 활용 효과
현대자동차 '기프트카' 이벤트	페이스북 트위터 유튜브	자동차 기업 특유의 정형화된 이미지 개선	약 3만 명의 소비자가 '기프트카' 웹사이트에 응원 댓글, 약 56만 명이 소비자 사이트 방문
펩시(Pepsi)	페이스북	SNS가 확대되는 시기 고객 참여 강조	사이트 트래픽 800% 상승
인삼 제조업체 천지양	페이스북, 트위터, 블로그	기존 시장 장벽이 두꺼워 틈새 시장 공략 위해 SNS 활용	CPM(1000회 광고 노출 비용) 174원 2010년 5월부터 블로그 방문자 52만2382명
이왁(EWAK)	트위터, 블로그	저렴한 비용으로 마케팅하기 위해 SNS 활용	고객에 의한 콘텐츠 재생산으로 광고·홍보비 절감 고객 충성도 향상 강한 유대감 형성
리오엘리(Lioele)	페이스북, 유튜브	미국 시장 진입하며 기존 한국의 온라인 쇼핑몰 방식에 어려움이 있어 SNS 활용	2011년 4~9월 페이스북 960명 고정 고객 확보 (매달 100명 증가 추세) 유튜브 18만5255명
도토리속참나무	트위터, 블로그	브랜드 가치를 끌어올리기 위해 홍보 수단으로 SNS 마케팅 활용	블로그를 통해 브랜드 신뢰 주고 홍보, 트위터 통해 고객의 직접 구매동기 유발
왕라오지	웨이보	건강 음료의 특성에 맞는 각종 정보 제공	SNS 이용자의 많은 참여 유도해 중국 음료수 업계 정상 유지

업체명	활용 채널	SNS 활용 배경	SNS 활용 효과
삼성 버블샷	페이스북, 트위터	새로운 제품 홍보 위해 트위터 이용	한 달 만에 응모자 12만 참여
리바이스	트위터	흥미로운 이벤트 공지로 고객 참여 유도	이벤트에 참여한 사람 30만. 늘어난 팔로어 1450명
괴서 나트루 래드럴 (Gosser Natur Radler)	트위터	참여자에 공감의 폭 확대	3주 만에 페이스북 팬 1만 3000명 생성, 5000명 주소 정보 데이터 확보
디젤	트위터	오프라인과 온라인 경계 허물기 위해 활용	고객에게 재미 유발하고 기업 이미지 개선

출처: 박철, 소규모 사회적기업과 소셜 미디어 마케팅, 2017

– 고객 주도형–현대자동차 '기프트카 이벤트'

현대자동차는 딱딱한 느낌의 제조업이라는 상대적으로 보수적인 이미지를 감소시키기 위해 SNS 마케팅을 벌였다. 현대자동차는 캠페인의 핵심 과제로 보다 젊고 부드러운 이미지로 기업을 개선하고 현대자동차만의 차별화된 사회공헌 영역을 발굴해 소비자와 소통함으로써 사회적 기업으로서 이미지를 강화했다. 현대자동차는 미국의 포드 자동차와 같이 SNS 마케팅으로 '기프트카' 캠페인(www.gift-car. kr)을 실시했다. 캠페인의 개요는 "여러분의 댓글로 차를 선물해 주세요–한 달 동안 매일 100개가 넘는 댓글이 달리면 광고 속 주인공들에게 멋진 자동차가 선물됩니다"였다.

– 기업 주도형–리오엘리(Lioele)

리오엘리는 한국에서 온라인과 쇼핑몰을 구축해 판매하는 화장품 중소기업이다. 리오엘리는 미국으로 진출하면서 한국과 달리 현지 판매 대리점을 개설하였고 유튜브와 페이스북을 통한 화장품 홍보 자료를 만들어 마케팅 수단으로 활용하였다. 유튜브의 경우 20~30대 연령층을 대상으로 밝고 신선한 채널로 개설하여 주로 제품 사용 방법, 사용 후기, 브랜드 이미지 후기 동영상 등을 게재하고, 페이스북의 경우 단순히 제품 홍보뿐만 아니라 기초 화장품 활용법 및 한국 화장품의 각종 정보를 제공하며 접근했다. 이러한 방법으로 리오엘리 페이스북은 2011년 4월부터 11월까지 960명의 고정 고객을 확보했고 한 달에 100명씩 꾸준히 추가되었다. 유튜브의 경우 미국의 'Make-Up Artist'를 찾아내 리오엘리 제품 사용 후기를 만들어 자신의 채널에 홍보하도록 진행했다. 그 결과 구독자 18만5255명의 인기 사이트로 부상해 리오엘리가 직접 마케팅하는 것보다 10배 높은 파급력을 얻었다.[23]

5. 화장품의 SNS 마케팅 사례

한국 여성이 화장에 들이는 시간은 하루 평균 25분이며 하루에 사용하는 기초 화장품 평균 사용 개수는 6~9개다. 유럽 여성이 평균적으로 2~3개를 사용하는 것과 비교하면 한국 여성들이 유럽 여성에 비해 화장품을 3배가량 많이 사용한다. 한국은 매력적인 화장품 시장이다.

5.1. 세포라화장품(Sephora)

세포라화장품은 페이스북을 통해 다양한 할인 및 쿠폰 이벤트를 통해 판매 채널을 확장하기 위하여 SNS 마케팅을 했다. 세포라는 주 고객 연령층이 25~45세라는 점을 이용해 주로 SNS 이용 빈도가 높은 젊은 층을 상대했다. 또 스마트폰을 이용한 모바일 상거래 사이트 '세포라 모바일'을 개설하고 페이스북을 통해 이벤트를 알려주는 매체로 활용했다. 페이스북에서는 할인 쿠폰을 제공하며 손님과 항상 대화한다는 전략을 세웠다. 페이스북은 이메일보다 쉽게 대화하고, 대화체로 글을 작성하기 때문에 친근감을 형성할 수 있었다. 또한 뷰티리시 웹사이트(www.beautylish.com)와 연동하여 로그인 때 페이스북 아이디를 사용하게 하여 입소문 효과를 창출했다. 세포라는 SNS 마케팅을 통해 브랜드의 로열티 그룹을 활성화했다. 또한 세포라 온라인 회원제를 강화하면서 주요 매장의 매출을 끌어올리는 1등 공신이 되었다.[24]

5.2. 올레이(Olay)

　세계적인 스킨케어 화장품 전문기업인 올레이가 한국 진출을 결정한 적이 있다. 한국으로 성공적인 진입을 위해 마케팅 전략이 필요했다. 올레이는 한국에서는 잘 알려지지 않았고 항공사 스튜어디스나 소수 마니아층만 알고 있었다. 올레이는 트렌드를 잘 반영하고 성과도 빠르게 확인할 수 있는 SNS 마케팅을 주력으로 신규 시장 공략을 결정한다. 그리고는 한국 소비자의 관심사와 특징, 트렌드 등을 조사했다. 도출한 특징은 아래와 같다.

※ 한국의 뷰티 소비자 특징
　– 한국 소비자들은 평균 6~9개의 기초 화장품을 사용한다(유럽 대비 3배).
　– 한국 소비자들은 동안(童顔), 베이글녀(얼굴은 베이비, 몸매는 글래머) 등 어려 보이는 외모에 관심이 많다.
　– 제품을 구매할 때는 인터넷을 통한 추천 평 또는 전문가의 의견에 대한 신뢰가 높다.

　올레이는 블로그를 SNS 마케팅 채널로 정하고 '블로그 체험단'을 운영한다. 올레이 스킨케어는 오랜 기간 외국에서 많이 사용되었으며 효과도 검증돼 성능은 우수했지만 국내에는 잘 알려지지 않았다. 따라서 제품을 체험하고 소비자들에게 효능을 직접 알리는 체험단을 모집해 그들로 하여금 입소문을 퍼뜨리게 한다는 전략을 세웠다. 화장품의 사용 전후 변화를 사진과 글로 남겨 구체적인 정보를 제공하는 방식이다. 올레이는 모집공고를 통해 뷰티 전문가 50명을 선발했다. 이들은 SNS 채널이 있으면서 뷰티 제품에 대한 전문성을 지닌 사람들이었다. 이들은 제품을 사용해 볼 뿐만 아니라 2주 차와 4주 차로 나누어 자신의 피부 변화를 SNS에 담았다. 이러한 정보는 빠르게 전파되었다. 올레이 체험단은 블로그를 중심으로 30일 만에 8만 건 이상의 온라인 노출과 1000개 이상의 댓글을 생성시켰다. 나아가 마케팅 종료 이후에도 3개월 동안 6만 건 이상의 페이지뷰를 추가 발생시켰다. 올레이는 SNS 마케팅을 통해 브랜드 인지도를 빠르게 상승시킬 수 있었다.

◇ 올레이(Olay)

올레이는 1950년대 화학자인 울프(Graham Wulff)가 자신의 부인을 위해 스킨에 수분을 공급해 줄 수 있는 화장품인 'Oil of OLAY Beauty Fluid'를 개발하면서 시작되었다. 이후 영국 · 미국 · 네덜란드 · 캐나다 · 독일 등지로 사업을 확장했으며 1985년에는 세계적인 기업인 P&G가 인수하며 현재의 올레이가 되었다. 올레이는 피부노화를 방지하는 주름 감소, 잡티 감소, 탄력 강화, 집중 보습 등 안티에이징 분야에 강하다.[25]

6. SNS 영토의 확장

6.1. 뫼비우스 띠

　기업은 전통 마케팅 채널을 무시하고 SNS에만 집중하는 것이 효과적일까. 그렇지는 않을 것이다. 오히려 기존 마케팅을 더 활발히 진행해야 한다. SNS는 전통적인 마케팅을 서로 연결해 더욱 활성화하는 윤활유 역할을 해야 한다. 오프라인 매장은 기업과 소비자가 오프라인에서 만나는 최전방이며 매출은 주로 이곳에서 발생한다. 기업의 홈페이지에서는 제품과 브랜드와 같은 정보를 얻을 수 있고 전자상거래를 통해 제품과 서비스를 구매할 수 있다. 그동안은 마케팅 대부분이 오프라인 매장이나 웹사이트가 서로 분리되어 각각의 역할을 했다. 이 같은 방식은 두 쪽 모두 공을 들이지만 성과가 크지 않게 된다. 이것은 마치 구멍 난 그물과 같다. 노력은 많이 하지만 물고기를 놓치는 것같이 마케팅에 대한 투자 대비 실적은 좋지 않다. 따라서 이들을 하나의 띠로 연결해 기업의 웹사이트를 방문한 소비자를 오프라인 매장으로 자연스럽게 이동하게 하여 제품을 구매하게끔 유도해야 한다. 그 연결고리 역할을 SNS가 담당한다. SNS는 소비자와 직접 맞닿는 오프라인 매장과 웹사이트를 연결해 하나의 큰 순환고리를 형성한다. 이름하여 'Social 뫼비우스 띠'(개념도)다.

Social Mobius Strip 소셜 뫼비우스 띠[26]

COMPANY 오픈매장   COMPANY 소셜미디어   COMPANY 웹사이트

오프라인 이벤트
매장 운영 활성화
매출 극대화

고객과의 소통
콘텐츠 생산
정보제공
이벤트 진행

정보제공
1:1 소통형 공간
참여형 서비스 진행

SNS의 효과적인 마케팅 활용 방안

- SNS는 전통 마케팅 채널과 인터넷을 서로 연결하는 윤활유 역할 해야
- 오프라인 매장-인터넷 홈페이지-SNS 3대 축을 뫼비우스 띠로 서로 연결
- 매출은 오프라인에서 크게 발생하며, 오프라인은 기업과 소비자가 만나는 최일선

마케팅의 효과적인 전략은 뫼비우스 띠와 같은 구조를 만드는 것이다. 고객은 SNS를 통해 다양한 정보를 얻고, 이벤트에 참가하며 기업과 커뮤니케이션을 하면서 기업의 웹사이트에 접속하고 오프라인 매장에서 제품을 구입한다. 즉 오프라인 매장-SNS-웹사이트의 순환고리라 할 수 있다. 한번 이 띠 안에 들어온 고객은 쉽게 빠져나가지 못한다. 이 안에서 모든 정보를 얻고, 이벤트로 혜택을 받으며 다른 고객과 이야기를 나눈다. 그 가운데 기업에서 추천하는 제품을 구매하게 되고 구매는 다시 긍정적인 상품 평가로 이어진다. 이런 지속적인 순환과정을 거쳐 회사 브랜드는 더욱 확고해지고 매출은 증가하는 구조를 완성할 수 있다. 따라서 어떤 기업이 더 단단하게 뫼비우스 띠를 구축하는가에 따라 성과가 달라질 수 있다.[27]

6.2. SNS와 선거

SNS는 곳곳으로 활용 영토를 넓혀간다. SNS는 이미 한국의 선거 전략과 문화를 바꾸고 있다. 2011년 서울시장 보궐선거는 SNS가 선거에 미치는 영향력을 생생히 보여 주었다. 출마 초기 5% 대 미미한 지지율로 출발한 무소속 박원순 후보는 투표 집계 결과 압승을 거두었다. SNS가 만들어낸 서울시장이었다. 이제 유명한 이야기가 되었다.

고 박원순 후보는 선거를 준비하면서 SNS 활용을 기획하고 실행했다. 전략은 크게 세 가지였다. 첫째, 이야기를 들어줄 사람을 모아라. 둘째, 온라인 평판을 관리하라. 셋째, 온라인 제갈공명을 이용하라. 이 가운데 특히 셋째를 주목할 만하다.

선거 당시 무소속 박원순 후보의 트위터 팔로어(follower)는 약 13만 명. 이에 비해 상대 한나라당 나경원 후보의 팔로어는 약 4만 명에 그쳤다. 박 후보는 당시 나 후보의 무려 3배가 넘는 팔로어를 보유하고 있었다. 팔로어가 많다는 것은 한번 글을 작성하면 그만큼 많은 사람에게 퍼져나간다는 뜻이 된다.

박원순 후보는 'SNS멘토단'을 운영했다. SNS멘토단은 삼국지의 제갈공명처럼 박 후보에게 많은 자문을 하는 동시에 선거에도 직접 영향을 미쳤다. 멘토단은 당시 이외수 작가(팔로어 96만), 공지영 작가(팔로어 19만), 조국 서울대 법대 교수(팔로어 13만), 배우 문소리, 방송인 김제동 등 SNS에 영향력이 있는 유명 인사들로 구성되었다. 멘토단 전체 팔로어만 150만 명에 이르렀다. 이들은 직접 SNS를 운영하고 있으며 젊은 층에 인기가 높아 이들의 말 한마디가 투표율을 끌어올리는 역할을 했다.

하지만 투표가 평일에 진행돼 예상보다 투표율이 저조했다. 투표 마감 1시간을 남기고 전체 투표율은 42%에 불과했다. 젊은 층의 지지가 두터운 박원순 후보는 젊은 유권자의 투표율이 높을수록 당선될 확률이 높기 때문에 예상 승리 투표율을 45%로 보았다. 지지자들은 트위터와 다양한 SNS를 통해 투표를 독려했다. SNS멘토단의 활동으로 투표 마감 1시간 동안 투표율은 급격히 상승했다. 최종 투표율은 승리 투표율인 45%를 넘긴 48.6%로 마감됐다. 선거 결과는 박원순 후보가 큰 표 차로 승리했다. 무소속 박원순 후보는 215만8476표(53.40%)를 얻었고, 한나라당 나경원 후보는 186만7880표(46.21%)를 득표했다. 박 후보는 자그마치 29만596표 큰 차이로 당선했다.[28]

시대 흐름에 따라 SNS를 지배한 후보가 선거에서도 승리한 것이다. 시민은 소통을 원하고 직접 자신의 의사를 전달하고 싶어 한다. 이제는 선거에서도 시대에 적합한 SNS를 활용하는 전략이 절실해지고 있다.

7. SNS를 둘러싼 쟁점

SNS를 둘러싼 이슈 중 지속적으로 논란이 되는 것은 프라이버시 보호의 문제다. 신상 정보와 사적(私的)인 의견 교환을 근간으로 하는 SNS의 속성상 불가피한 현실이다. 둘째는 사적 정보에 대한 잠재적 남용의 문제다. SNS는 상업적으로 매력적인 빅데이터로 받아들여져 최근 가장 적극적으로 분석되는 데이터 소스이다. 셋째는 '사이버 불링(cyber-bullying)'이라 불리는 온라인상 공격 행위다. 특히 심리적으로 취약한 집단이 정신적 트라우마를 겪고 있다고 알려져 있다. 이밖에 개인적 게시물의 지적 재산권, 개인에 대한 감시, 성희롱 등의 문제가 사회적으로 논란이 되고 있다.

또 SNS에 올라오는 사실이나 의견을 전하는 내용은 검증되지 않은 '믿거나 말거나' 한 수준이라는 한계도 안고 있다. 신문이나 방송 등 기존 미디어의 엄격한 팩트체크(Fact Check) 수준을 기대할 수 없기 때문이다.

미주

1 이훈영, 『마케팅』, 청람, 2009, pp.15-16.

2 이훈영, 『마케팅』, 청람, 2009, pp.32-35.

3 함성원, 『기업 홍보실무 특강』, 커뮤니케이션북스, 2010, p.2 참조.

4 (주)프레인, 『아무도 가르쳐 주지 않는 프로들의 홍보 노트』, 청년정신, 2005, p.15.

5 (주)프레인, 『아무도 가르쳐 주지 않는 프로들의 홍보 노트』, 청년정신, 2005, p.17.

6 (주)프레인, 『아무도 가르쳐 주지 않는 프로들의 홍보 노트』, 청년정신, 2005, pp.21-22 참조.

7 (주)프레인, 『아무도 가르쳐 주지 않는 프로들의 홍보 노트』, 청년정신, 2005, pp.38-40 참조.

8 (주)프레인, 『아무도 가르쳐 주지 않는 프로들의 홍보 노트』, 청년정신, 2005, pp.45-46.

9 (주)프레인, 『아무도 가르쳐 주지 않는 프로들의 홍보 노트』, 청년정신, 2005, pp.46-47 참조.

10 (주)프레인, 『아무도 가르쳐 주지 않는 프로들의 홍보 노트』, 청년정신, 2005, pp.48-49 참조.

11 (주)프레인, 『아무도 가르쳐 주지 않는 프로들의 홍보 노트』, 청년정신, 2005, p.49 참조.

12 함성원, 『기업 홍보실무 특강』, 커뮤니케이션북스, 2010, pp.31-37 참조.

13 함성원, 『기업 홍보실무 특강』, 커뮤니케이션북스, 2010, pp.50-51 참조.

14 함성원, 『기업 홍보실무 특강』, 커뮤니케이션북스, 2010, p.155.

15 함성원, 『기업 홍보실무 특강』, 커뮤니케이션북스, 2010, p.156.

16 강준만 등, 『미디어문화와 사회』, 일진사, 2010, pp.48-50 참조.

17 강준만 등, 『미디어문화와 사회』, 일진사, 2010, pp.50-53 참조.

18 강준만 등, 『미디어문화와 사회』, 일진사, 2010, pp.55-56 참조.

19 (주)프레인, 『아무도 가르쳐 주지 않는 프로들의 홍보 노트』, 청년정신, 2005, pp.54-56 참조.

20 (주)프레인, 『아무도 가르쳐 주지 않는 프로들의 홍보 노트』, 청년정신, 2005, p.70.

21 (주)프레인, 『아무도 가르쳐 주지 않는 프로들의 홍보 노트』, 청년정신, 2005, pp.73-74 참조.

22 정현주,『어쩌다 보니, SNS마케팅으로 월1,000만원을 버는 사람이 되어버렸다!』, 황
    금부엉이, 2019, pp.19-22 참조.

23 박철,『소규모 사회적기업과 소셜미디어 마케팅』, 집문당, 2017, pp.85-99 참조.

24 권오철, "SNS를 활용한 입소문마케팅 전략", 한국마케팅연구원, 마케팅, 제45권, 제9
    호, (통권512호), 2011, pp.74-79.

25 김준 · 김정곤,『한국형 소셜미디어 마케팅』, 정일, 2012, pp.113-121 참조.

26 김준 · 김정곤,『한국형 소셜미디어 마케팅』, 정일, 2012, p.126.

27 김준 · 김정곤,『한국형 소셜미디어 마케팅』, 정일, 2012, pp.125-127 참조.

28 김준 · 김정곤,『한국형 소셜미디어 마케팅』, 정일, 2012, pp.29-33 참조.

참고문헌

강준만 등, 『미디어문화와 사회』, 일진사, 2010.

권오철, "SNS를 활용한 입소문마케팅 전략", 한국마케팅연구원, 마케팅, 제45권, 제9호, (통권512호), 2011.

김동훈 · 안광호 · 유창조, 『마케팅 커뮤니케이션 관리』, 학현사, 2001.

김준 · 김정곤, 『한국형 소셜미디어 마케팅』, 정일, 2012.

박철, 『소규모 사회적기업과 소셜미디어 마케팅』, 집문당, 2017.

사무엘소, 『한국형 위기관리 커뮤니케이션』, 샘소북스, 2022.

송의호 등, 『홍보전문가과정』, 경상북도지방공무원교육원, 2010.

이재현, 『멀티미디어』, 커뮤니케이션북스, 2013.

이훈영, 『마케팅』, 청람, 2009.

정현주, 『어쩌다 보니, SNS마케팅으로 월 1,000만원을 버는 사람이 되어버렸다!』, 황금부엉이, 2019.

(주)프레인, 『아무도 가르쳐 주지 않는 프로들의 홍보 노트』, 청년정신, 2005.

최진봉, 『위기관리 커뮤니케이션』, 커뮤니케이션북스, 2015.

함성원, 『기업홍보 실무 특강』, 커뮤니케이션북스, 2010.

Borzaga and Defourny, *The Emergence of Social Enterprise*, Routledge, 2001.

David A. Aaker, *Building Strong Brands*, New York: Free Press, 1996.

Joseph R. Dominick, *The Dynamics of Mass Communication*, McGrawHill, 1999.

〈중앙일보〉

〈한겨레〉

〈영남일보〉

송의호

경북대학교 영어영문학과를 졸업하고 서강대학교 공공정책대학원에서 언론공보학을 전공하면서 언론중재 제도 등을 공부했다. 계명대학교 대학원에서 언론정책을 연구하고 2006년 언론학 박사 학위를 받았다. 1985년 중앙일보에 들어가 2017년까지 32년 동안 월간중앙 기자, 편집국 사회부문 기자 등을 거쳐 부국장 기자로 중앙일보 · JTBC 대구총국장을 지냈다. 1996년 미국 워싱턴 D.C. CSIS(국제전략문제연구소) 방문연구원으로 있으면서 〈National Geographic〉 등을 찾아 취재 · 편집 시스템 등을 들여다보았다. 2017년 대구한의대학교로 들어가 화장품학부 교수로 재직하고 있다. 관심 분야는 미디어와 홍보, 마케팅 커뮤니케이션, 미학 등이다. 『참여정부의 언론정책』, 『달성에 피어난 붉은 꽃 사육신 박팽년』 등의 저서와 「국내 주요 출입처 기자실 유형에 관한 탐색적 연구」 등의 논문을 발표했다.

미디어와 홍보

초판인쇄 2023년 2월 24일
초판발행 2023년 2월 24일

지은이 송의호
감 수 대구한의대학교 출판부
펴낸이 채종준
펴낸곳 한국학술정보(주)
주 소 경기도 파주시 회동길 230(문발동)
전 화 031-908-3181(대표)
팩 스 031-908-3189
홈페이지 http://ebook.kstudy.com
E-mail 출판사업부 publish@kstudy.com
등 록 제일산-115호(2000. 6. 19)

ISBN 979-11-6983-122-2 93300